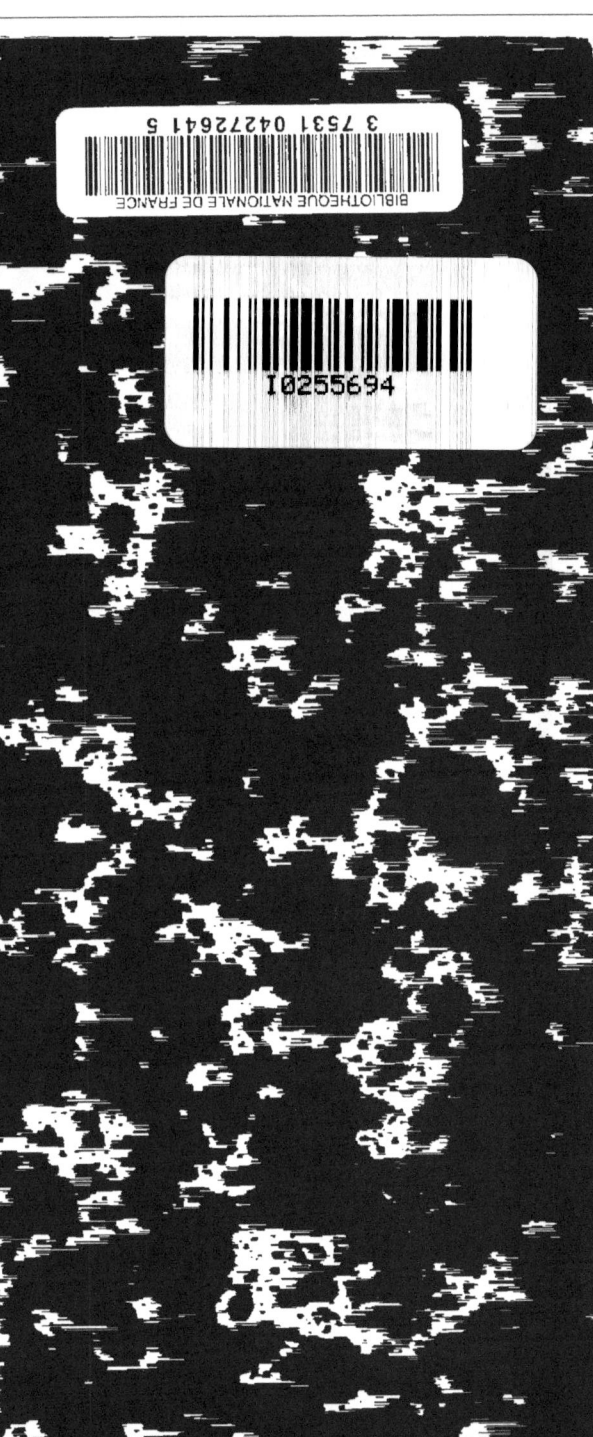

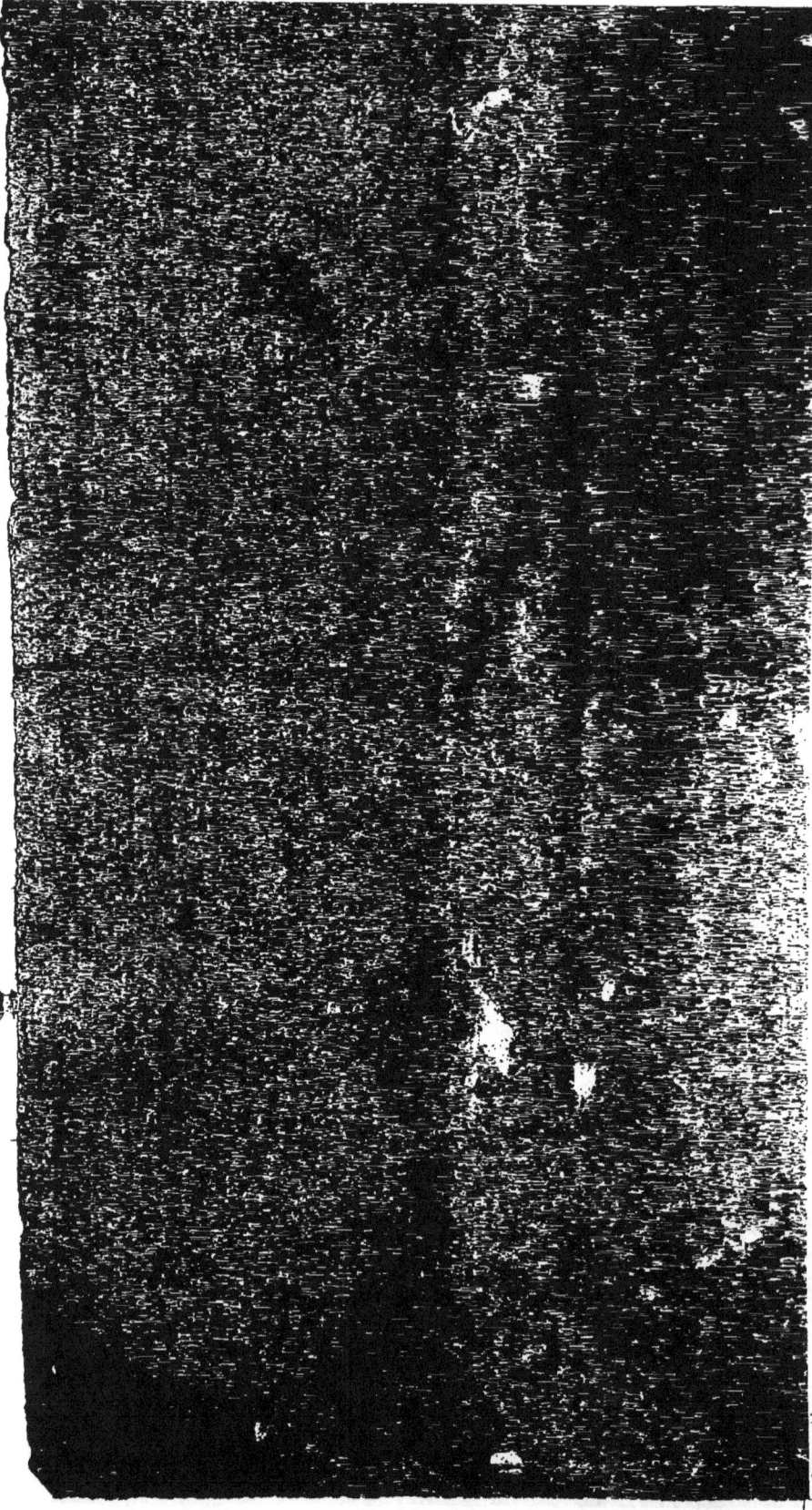

HISTOIRE

DE PARIS.

Nous ne voulons pas publier ce livre sans reconnaître tout ce que nous devons au savant ouvrage de M. de Saint-Victor, sur l'histoire de Paris, en particulier pour le tracé des enceintes successives de la ville. Nous sommes heureux aussi de dire que, pour la seconde partie de cet ouvrage, nous avons profité du concours de M. Charles Laurent, jeune écrivain, dont les premiers essais révèlent à la fois le sentiment des bons principes et l'étude des bons modèles.

Th. M.

Paris, 12 octobre 1856.

IMPRIMERIE DE MOQUET ET Cie.,
rue de la Harpe, 90.

HISTOIRE DE PARIS,

DEPUIS SON ORIGINE JUSQU'A NOS JOURS;

PAR M. TH. MURET.

PARIS,
BIBLIOTHÈQUE UNIVERSELLE DE LA JEUNESSE,
RUE SAINT-ANTOINE, 76.
—
1837.

Approuvé, pour faire partie des publications de la Bibliothèque universelle de la Jeunesse, par délibération de son comité du 12 août 1836.

HISTOIRE DE PARIS.

ENCEINTES DE PARIS.

Avant de commencer l'histoire politique de Paris, nous croyons utile de donner l'indication de ses enceintes successives, afin que le lecteur puisse suivre, avec le récit des événemens, les accroissemens successifs du théâtre où ils se sont passés, depuis le moment où la ville sortit de son berceau primitif.

PREMIÈRE ENCEINTE.

La première enceinte, hors la Cité, sur laquelle on possède des renseignemens authentiques, et qui subsistait encore du temps de Louis-le-Jeune, commençait à peu près à la porte de Paris, continuait le long de la rue Saint-Denis jusqu'à la rue des Lombards, où il y avait une porte, passait ensuite entre cette rue et la rue Trousse-Vache, jusqu'au cloître Saint-Médéric; il y avait là une seconde porte dont il existait encore un jambage sous Charles V. La muraille tournait ensuite par la rue de la Verrerie, entre les rues Bar-du-Bec et des Billettes, descendait la rue des Deux-Portes, traversait la rue de la Tixeranderie et le cloître Saint-Jean, proche duquel était une troisième porte, et finissait sur le bord de la rivière entre Saint-Jean et Saint-Gervais. Le midi de la Cité, dit depuis le quartier de l'Université, n'était point encore entouré de murs.

ENCEINTE SOUS PHILIPPE-AUGUSTE.

Les choses étaient en cet état, lorsque Philippe-Auguste forma le projet vraiment royal de renfermer dans une nouvelle enceinte tous les bourgs, toutes les cultures éparses autour de l'ancienne ville, et de faire ainsi de Paris une des plus grandes et des plus belles villes du monde. Cette entreprise coûta vingt ans de travaux continuels; car non seulement on éleva une muraille du côté du nord, mais encore les maisons qui, au midi, étaient éparses autour du Petit-Châtelet, furent, pour la première fois, environnées d'une enceinte.

La nouvelle muraille, au nord, passait près du Louvre, le laissait en dehors, traversait les rues Saint-Honoré et des Deux-Écus, l'emplacement de l'hôtel de Soissons, les rues Coquillière, Montmartre, Montorgueil, le terrain où est à présent la halle aux cuirs, les rues Française, Saint-Denis, Bourg-l'Abbé, Saint-Martin; continuait le long de la rue Grenier-Saint-Lazare, traversait la rue Beaubourg, la rue Saint-Avoie, et passant sur le terrain des Blancs-Manteaux et ensuite entre les rues des Francs-Bourgeois et des Rosiers, allait aboutir au bord de la rivière à travers les bâtimens de la maison professe des Jésuites et le couvent de l'*Ave-Maria* où l'on voyait encore, il n'y a pas long-temps, des restes de ces murailles. Elle avait huit portes principales: la première près du Louvre, au bord de la rivière; la seconde, à l'endroit où est maintenant l'Oratoire; la troisième, vis-à-vis Saint-Eustache, entre la rue Platrière (depuis rue Jean-Jacques Rousseau) et la rue du Jour; la quatrième, rue Saint-Denis, appelée la porte aux Peintres; la cinquième, rue Saint-Martin, au coin de la rue Grenier-Saint-Lazare; la sixième appelée la porte

Barbette, entre le couvent des Blancs-Manteaux et la rue des Francs-Bourgeois; la septième près de la maison professe des Jésuites, et la huitième au bord de la rivière entre le port Saint-Paul et le pont Marie.

Du côté de la rivière, au midi, l'autre moitié de cette enceinte, qui commençait à la porte Saint-Bernard, est à peu près tracée par les rues des Fossés-Saint-Bernard, des Fossés-Saint-Victor, des Fossés-Saint-Michel ou rue Saint-Hyacinthe, des Fossés-Monsieur-le-Prince, des Fossés-Saint-Germain, ou rue de la Comédie-Française, et des Fossés-de-Nesle, à présent rue Mazarine. Il y avait sept portes dans ce circuit: la porte Saint-Bernard ou de la Tournelle; les portes Saint-Victor, Saint-Marcel et Saint-Jacques; la porte Gibard, d'Enfer ou de Saint-Michel, au haut de la rue de la Harpe; la porte de Bussi au haut de la rue Saint-André-des-Arcs, vis-à-vis de la rue Contrescarpe; et la porte de Nesle, où est à présent le palais de l'Institut. Dans la rue des Cordeliers il y eut encore une porte appelée la porte Saint-Germain; et lorsque la rue Dauphine fut bâtie, on en fit une vis-à-vis de l'autre bout de la rue Contrescarpe, et qu'on appela porte Dauphine. Un devis extrait d'un registre de Philippe-Auguste nous apprend que la partie méridionale de l'enceinte avait 1260 toises d'étendue et qu'elle avait coûté 7020 livres, monnaie du temps.

ENCEINTE SOUS CHARLES V ET CHARLES VI.

La perte de la bataille de Poitiers et la captivité du roi Jean, faisant appréhender que les Anglais ne pénétrassent jusqu'au cœur de la France, le dauphin songea à fortifier la capitale du côté du midi. Il ne changea rien à l'enceinte de Philippe-Auguste, parce que les nouveaux faubourgs s'y trouvèrent si petits qu'il ne jugea pas à propos de les mettre à couvert; il se contenta de les ruiner pour empêcher l'ennemi de s'y loger; le rempart déjà existant fut entouré d'un fossé. Du côté du nord, les faubourgs étant beaucoup plus considérables et plus près des murs, il fut résolu de les enfermer dans de nouvelles fortifications. C'étaient d'abord de simples fossés, qui furent depuis changés en murailles flanquées de tours. Cette entreprise, commencée sous Charles V, ne fut achevée que sous Charles VI. Elle coûta 162,520 livres, somme équivalant aujourd'hui à 1,170,000 francs; à cette occasion, 750 guérites en bois furent attachées aux créneaux des murailles.

Nous avons dit que l'enceinte précédente aboutissait d'un côté entre le pont Saint-Paul et le pont Marie, vis-à-vis la rue de l'Étoile. Charles V la fit reculer jusqu'à l'endroit où est l'Arsenal ; et les portes Saint-Antoine, Saint-Martin et Saint-Denis furent placées où nous les voyons aujourd'hui. (La porte Saint-Antoine a été abattue quelque temps avant la révolution.) Depuis la porte Saint-Denis, les nouveaux murs longeaient la rue de Bourbon-Villeneuve, traversaient les rues du Petit-Carreau et Montmartre, la place des Victoires, l'hôtel de Toulouse, le jardin du Palais-Royal, la rue Saint-Honoré près l'ancien hospice des Quinze-Vingts et allaient finir au bord de la rivière, par la rue Saint-Nicaise. Aux quatre extrémités de l'enceinte générale, comme à celle de Philippe-Auguste, il y avait quatre grosses tours : la tour de Bois, près du Louvre, la tour de Nesle, où est le palais de l'Institut ; la tour de Tournelle, près de la porte Saint-Bernard ; et la tour de Billi, près des Célestins. Elles défendaient des deux côtés de la rivière l'entrée et la sortie de Paris, par de grosses chaines attachées d'une tour à l'autre, et qui traversaient la Seine, portées sur des bateaux placés de distance en distance. L'approche de l'île Saint-Louis était défendue par un fort.

Jusqu'à Louis XIII, ces enceintes ne furent point augmentées ; cependant la ville s'accrut considérablement, tant par des constructions qui s'élevèrent par degrés dans des terrains vagues qu'on y avait renfermés, que par les nouveaux faubourgs qui se formèrent à ses portes. Ces faubourgs s'étaient tellement étendus, que, sous Henri II, on commença à s'en inquiéter et à craindre l'excessive grandeur de Paris. Une ordonnance du roi défendit de bâtir davantage dans ses environs; et le projet fut formé de construire une nouvelle muraille qui renfermerait définitivement cette ville dans ses dernières limites. Le plan en fut arrêté au conseil en 1550, et des bornes furent plantées du côté de l'Université ; mais cette entreprise resta sans exécution.

La seule addition qui fut faite alors aux fortifications de Paris, fut la construction d'un rempart qui commençait au bord de la rivière, au-dessous de la Bastille, et se prolongeait jusqu'au-delà de la porte Saint-Antoine. François Ier avait déjà tenté plusieurs fois ce travail, lorsque les guerres qu'il avait à soutenir contre l'empereur lui faisaient craindre que les armées d'Allemagne, qui venaient jusqu'en Picardie, n'insultassent sa capitale, mais il ne l'avait point achevé. Cette fortification, plus fortement construite que les autres, subsistait encore sous Louis XIV. C'était une courtine flanquée de bastions et bordée de larges fossés à fond de cuve. Sous Charles IX, la porte Neuve, qui était près du Louvre, fut reculée jusque derrière les Tuileries; et un nouveau bastion fut construit à cette place pour y élever une clôture nouvelle, laquelle aurait enfermé dans la ville ce château et la partie du quartier Saint-Honoré qui, depuis la rue Saint-Nicaise où était encore l'ancienne porte, était alors appelée faubourg Saint-Honoré. Toutefois, cette portion de clôture ne fut achevée que sous Henri III, qui fit continuer les nouveaux murs depuis le bastion de la porte Neuve, nommée depuis porte de la Conférence, jusqu'à l'extrémité de ce faubourg, en traversant le terrain où est maintenant la place Louis XV.

ENCEINTE SOUS LOUIS XIII.

L'île du Palais, l'île Notre-Dame, le marais du Temple ayant été couverts d'édifices sous le règne précédent, il ne restait plus de grands vides dans Paris; mais il y avait encore un vaste espace hors des murs, entre les faubourgs Saint-Honoré et Montmartre, qui n'était rempli que de cultures, et demandait à être renfermé dans la ville pour en rendre l'enceinte plus régulière. Dès le temps de Charles IX, on avait projeté de le faire, et des fossés avaient été creusés; cependant, jusqu'en 1630, les murs de la ville passaient encore de ce côté sur le terrain où est à présent la place des Victoires. Les rues des Petits-Champs et des Bons-Enfans y aboutissaient, et ce quartier était même si retiré qu'on y volait en plein jour et qu'on l'appelait le quartier *Vide-Gousset*. Les bâtimens du Palais-Royal, que le cardinal de Richelieu avait fait commencer en 1629, furent l'occasion d'une nouvelle enceinte. La porte Saint-Honoré, alors située où fut depuis le marché des Quinze-Vingts, fut reculée en 1631, jusqu'à cet emplacement qui garde encore son nom, et se joignit ainsi aux fortifications qui, sous Henri II, avaient été élevées pour entourer le château des Tuileries; depuis cette porte on bâtit de nouveaux remparts dont les boulevards actuels nous tracent à peu près le contour. Une nouvelle porte fut construite à l'extrémité du faubourg Montmartre, à plus de deux cents toises de l'ancienne, et l'enceinte continuée derrière la Ville-Neuve alla aboutir à la porte Saint-Denis. Pendant ce temps, le quartier de l'Université recevait de grands accroissemens par les bâtimens qui s'élevaient de toutes parts, principalement au faubourg Saint-Germain.

Ce fut la dernière enceinte fortifiée de la ville de Paris. Les remparts furent abattus sous Louis XIV; Louis XV et Louis XVI réunirent les nouveaux faubourgs à la ville; et sous le règne de ce dernier roi, elle fut entourée de la clôture que nous voyons aujourd'hui. Pourtant cette clôture a été agrandie sur un point de sa partie méridionale, à partir de la barrière de Fontainebleau, jusqu'au bord de l'eau. Par ce moyen, on a renfermé dans Paris le village d'Austerlitz, situé dans la plaine d'Ivry.

PREMIÈRE PARTIE.

HISTOIRE POLITIQUE
DE PARIS.

Au temps où César conquit les Gaules, il existait dans une île de la Seine, un peu au-dessous du confluent de la Marne avec ce fleuve, une chétive bourgade composée de huttes en boue et en chaume, sans défense contre les ravages des eaux et contre ceux des ennemis ; car elle n'avait ni quais, ni remparts ; deux ponts de bois la faisaient communiquer avec la terre ferme : l'un au nord, le *Grand-Pont*, l'autre au sud, le *Petit-Pont*. Des prés humides, des marais infects, d'épaisses forêts servant de théâtre aux mystères sanglants des Druides, occupaient au loin les deux rives. Pour qui promenait ses regards du haut des collines où s'arrêtait le bassin de la Seine, ce bassin apparaissait comme une vaste solitude boisée, coupée vers le milieu par le ruban argenté du fleuve sur lequel se montrait à peine, pareille à une barque échouée, la petite bourgade circonscrite entre ses bras.

Cette bourgade, c'était *Lutetia*, c'était Paris. Le sol qui portait et qui environnait la bourgade gauloise n'était pas précisément le même que celui du Paris actuel, situé à 27 toises au-dessus du niveau de la mer. Ce sol a été successivement exhaussé de plusieurs toises, dans les constructions de rues et de maisons, dans les travaux d'assainissement ordonnés sous différens règnes. L'île même de la Cité, la *Lutetia* primitive s'est agrandie de deux îlots placés à sa pointe occidentale, à l'endroit où se trouve maintenant le terre-plain du Pont-Neuf. L'île Saint-Louis, divisée en deux parties, a vu combler aussi le bras de rivière qui les séparait. Le cours de la Bièvre, qui anciennement avait son embouchure dans la Seine, près de l'extrémité sud-est de la Cité, a été détourné jusque vers la porte Saint-Bernard, où cette rivière, connue aussi sous le nom de rivière des Gobelins, et si utile à l'industrie parisienne, vient se perdre maintenant dans le fleuve. Deux autres ruisseaux, aujourd'hui disparus, existaient jadis : l'un, le ruisseau de Menilmontant, sorti de la hauteur de ce nom, coulait à travers l'emplacement des faubourgs Saint-Martin et Saint-Denis, de la Chaussée-d'Antin, et se jetait dans la Seine au bas de Chaillot; l'autre, né des côteaux de Montreuil et de Bagnolet, avait son embouchure près du Petit-Bercy. L'arrosement des jardins, l'absorption causée par les carrières à plâtre, ont peu à peu desséché le lit de ces deux ruisseaux.

On n'a aucun renseignement précis sur la fondation de Lutèce. César est le premier qui en ait fait mention. Les Gaulois n'avaient pas d'historiens, et leurs traditions orales, seules chroniques qu'ils connussent, étaient sujettes à s'altérer et à se perdre. Toutefois, on peut conjecturer que l'agrégation de quelques familles attirées par la commodité de ce lieu pour la chasse et la pêche, forma d'abord un hameau, puis un village, puis enfin le bourg mentionné dans les Commentaires du conquérant romain. La plupart des villes n'ont pas eu d'autre origine ; c'est en effet la plus naturelle.

La première fois que Lutèce est nommée dans l'histoire, c'est pour y jouer un rôle politique et guerrier. Quoique les Parisiens,

(*Parisii*, ainsi que les appelle César) dont elle était la capitale, fussent un des peuples les moins considérables de la Gaule celtique, ils se distinguèrent par leur énergie à combattre l'invasion étrangère. Labiénus, un des lieutenants de César, s'étant avancé avec une armée pour les subjuguer, les Parisiens, désespérant de défendre leur capitale, aimèrent mieux la détruire eux-mêmes que de l'abandonner à l'ennemi. Après avoir incendié Lutèce, ils rassemblèrent toutes leurs forces sous la conduite de Camulogène, un de leurs chefs, qui, déjà vieux, conservait encore toute l'ardeur et tout le courage de sa jeunesse. Une bataille sanglante se livra sur les bords de la Seine, dans la plaine au-dessous de Meudon : la valeur était égale des deux côtés; mais après la lutte la plus acharnée, la science militaire des Romains l'emporta : Camulogène fut tué et son armée complètement défaite.

Maître de Lutèce, César, qui avait compris l'importance de cette position sur un fleuve navigable où aboutissent plusieurs rivières navigables aussi, comme l'Aube, l'Yonne, la Marne, l'Oise, rebâtit et fortifia sa conquête. Il y mit une garnison afin d'en faire un point d'appui pour la domination romaine. Cette garnison n'empêcha pas les Parisiens de s'affranchir momentanément peu de temps après et de se réunir aux autres peuples gaulois, lorsqu'ils essayèrent, sous les ordres de Vercingétorix, un dernier effort pour reconquérir leur liberté. Battus près de la ville d'Alexia, les confédérés retombèrent sous le joug ennemi et perdirent tout espoir de s'en délivrer désormais.

Dès lors, Lutèce, ainsi que le reste de la Gaule, se vit assujettie aux lois et aux coutumes de Rome. Le courage que les Parisiens avaient montré rendit les vainqueurs plus sévères à leur égard, et tandis que certaines villes gauloises obtenaient le titre d'*alliées*, de *municipales*, Lutèce fut au nombre de celles qu'on appela *vectigales* « tributaires. » La langue latine s'y introduisit, en même temps que l'idiôme national, l'idiôme celtique, disparaissait insensiblement avec les anciennes mœurs, les anciennes coutumes. La religion fut aussi modifiée. Les Romains abolirent l'usage des sacrifices humains, et établirent le culte public suivant leurs rites. Les Gaulois adoraient les dieux sous d'autres noms que les noms romains ; ils ne connaissaient pour sanctuaires que l'ombre des chênes touffus de leurs forêts. Des temples s'élevèrent sur le modèle de ceux d'Italie. Mars eut le sien sur une colline située au nord de Paris, et nommée de là Montmartre (*mons martius*). Celui de Mercure ou de Pluton (c'était la même divinité chez les Gaulois) s'éleva sur le mont *Leucotitius*, à l'endroit où se trouve maintenant la rue Saint-Jacques; et vers l'emplacement de l'église Saint-Eustache, au milieu des bois et des marécages, on construisit un temple de Cybèle.

Après le temps de César, l'histoire se tait à l'égard de Paris, durant quatre siècles environ, jusqu'au règne de l'empereur Julien. Pendant cette période, Paris, rangé par Auguste dans la province appelée Lyonnaise, avait pris des accroissemens notables. Il était devenu commerçant, et l'on citait la compagnie de marchands et de mariniers, formée dans cette ville, sous le nom de *nautæ parisiaci*. Il paraît que, dès lors, deux tours en bois défendaient la tête du *Grand-Pont* et du *Petit-Pont :* autant qu'on peut le supposer en l'absence de documens sur la topographie de Paris à cette époque, il essayait de franchir son enceinte primitive ; des faubourgs avaient commencé à s'étendre sur l'une et l'autre rive de la Seine. Des bronzes, des marbres, des médailles trouvés dans différens quartiers, en creusant la terre, suffiraient pour prouver cet agrandissement du Paris romain. A Andresy, à quelques lieues plus bas sur le bord de la Seine, le gouvernement impérial faisait stationner une flotte dont le commandant était subordonné au Préfet résidant à Paris. Cette flotte était destinée à maintenir, en cas de besoin, les peuples dans l'obéissance. Plusieurs routes ou *voies* qui partaient de Paris, et dont les vestiges se sont retrouvés, montrent d'ailleurs quelle importance les Romains avaient donnée à Lutèce. Un aqueduc souterrain construit par eux, partait de Chaillot, et venait aboutir à l'emplacement du jardin du Palais-Royal. Un autre aqueduc partait d'Arcueil, et fournissait d'eau la partie méridionale des faubourgs de Paris. Sur le plateau de la montagne Sainte-Geneviève, on voyait des *Arènes* destinées aux jeux publics : plusieurs champs de sépulture ont été aussi reconnus au nord et au midi de la Seine.

Ce n'est qu'au temps de l'empereur Julien que Paris se retrouve mentionné dans l'histoire. Ce prince y fit d'assez longs séjours, lors de son expédition contre les Allemands, vers l'an 360 de Jésus-Christ. Il se plaisait beaucoup à Paris, qu'il nommait sa *chère Lutèce*. Le nom de Julien est demeuré attaché aux *Thermes*, rue de la Harpe, seul édifice romain dont les restes subsistent encore à Paris. Ce palais, dont la construction lui est attribuée par quelques-uns, mais qui paraît remonter à ses prédécesseurs, renfermait dans sa vaste enceinte des bains chauds, comme son nom l'indique; puis aussi des jardins, des cours, des vergers. Après Julien, les empereurs Valentinien et Valens séjournèrent à Paris, d'où sont datées trois de leurs lois, contenues dans le code Théodosien. C'est même dans la date de ces lois que pour la première fois, le nom de *Parisii* se trouve substitué à celui de *Lutetia*. Cette ville fut alors érigée en municipe : elle dut être dotée des institutions attachées à ce titre ; par exemple, d'un corps d'administration municipale (*ordo municipalis*,) qui probablement tenait ses séances dans un palais situé sur l'île de la Cité.

Tel était l'état de Paris, quand les peuples barbares sortis de la Germanie se précipitèrent dans les Gaules. Contenus long-temps par la force des armes, ces peuples profitèrent de l'affaiblissement et de la décadence de l'empire romain pour s'élancer hors de leurs limites. C'était l'an 406. Les Saxons, les Allemands, les Bourguignons, les Wisigoths étaient du nombre. Les Allemands et les Saxons s'attachèrent aux provinces du nord ;

les Bourguignons et les Wisigoths allèrent fonder deux royaumes, l'un dans la partie orientale de la Gaule, l'autre dans la partie méridionale.

Parmi ces nations germaniques, on comptait aussi les Francs, race aux yeux bleus, aux cheveux blonds, à la tranchante *francisque* ou hache d'armes; des Francs est venu, après leur invasion, le nouveau nom de la Gaule. Leurs chefs, Pharamond, Clodion, Mérovée, Childéric, regardés ordinairement comme les premiers de nos rois, s'emparèrent de Cologne, de Cambrai, de Tournay. Selon quelques chroniques, Childéric vint assiéger Paris, mais il échoua dans son entreprise. Ce prince mourut en 481; son fils Clovis étendit considérablement les limites de ses états. Il battit complètement, près de Soissons, le général romain Siagrius, et s'empara de Rheims qu'il pilla. Quelques années après, vers 494, il se rendit maître de Paris. Deux ans plus tard, à la suite de la bataille de Tolbiac, il se convertit au christianisme, qui depuis longtemps avait dans les Gaules des églises et des évêques. En 508, il fixa sa résidence à Paris, et il y mourut en 511. Il fut enseveli dans la basilique de Saint-Pierre et Saint-Paul, appelée depuis Sainte-Geneviève.

Après la mort de Clovis, ses quatre fils Théodoric, Clodomir, Childebert et Clotaire, qui se partagèrent ses états, n'ayant pu s'entendre sur la possession exclusive de Paris, convinrent que cette ville n'appartiendrait particulièrement à aucun d'eux, et qu'elle resterait indivise aux quatre frères. Clodomir étant mort, l'empire de Clovis fut divisé en trois royaumes : celui de Paris, celui de Metz, celui de Soissons. Childebert eut en partage le royaume de Paris, qui contenait, outre la ville capitale, Meaux, Beauvais, Senlis.

A la mort de Childebert, en 558, Clotaire prit le titre de *Roi de Paris*, qu'il quitta, lorsqu'il devint seul maître de la Gaule. Après lui, elle fut de nouveau divisée en quatre royaumes. Caribert devint roi de Paris. Après Caribert, le roi de Soissons Chilpéric réunit à ses états le royaume et la ville de Paris où il fit sa résidence. C'est à cette époque, en 570, que nous voyons la Gaule, indépendamment de ces divers royaumes, partagée en deux grandes divisions : au sud et à l'est, l'Austrasie; au nord, la Neustrie, où se trouvait Paris. Après Chilpéric, son fils Clotaire II, qui régna seul dans la Gaule, continua de résider à Paris, ainsi que Dagobert, fils de Clotaire. Dagobert avait, outre ce séjour habituel, plusieurs châteaux ou maisons de plaisance aux environs. Il fonda la célèbre abbaye de Saint-Denis, monument qui suffirait seul pour conserver la mémoire de ce prince. C'est là qu'il fut enterré en 638.

Jusqu'à la fin de la première race, l'histoire particulière de Paris ne présente absolument rien de remarquable : elle se confond avec l'histoire générale de France. Celle de l'établissement du christianisme, qui serait si intéressante, nous offre peu de documens certains. Suivant Grégoire de Tours, les premières semences de la foi furent apportées en 250 par saint Denis dans la Gaule septentrionale. Malgré les efforts de ce prélat et de ses successeurs, la plus grande partie de la population demeurait encore païenne, lors de l'épiscopat de Victorinus, qui était évêque de Paris en 346. Vers 360, un concile ou synode se tint à Paris, qui, par conséquent, devait avoir, à cette époque, des établissemens religieux déjà stables et affermis. Après Victorinus, vinrent les évêques Paulus et Prudentius, puis Marcellus, plus célèbre sous le nom de saint Marcel ou saint Marceau. Il mourut en 436.

Sous ces différens évêques, la religion chrétienne fit des progrès de plus en plus marqués. Néanmoins, en 554, l'idolâtrie subsistait encore dans les campagnes des environs de Paris, témoin une loi du roi Childebert, ordonnant la destruction des idoles conservées jusqu'alors par un assez grand nombre d'habitans.

Pendant le règne de la première race, Paris avait été plutôt l'une des principales villes de la France que sa capitale proprement dite. Les souverains n'avaient point de résidence permanente à Paris, et séjournaient tour à tour dans les diverses habitations royales. Il en fut de même durant la seconde race. C'est donc moins comme capitale que comme place de guerre importante par sa situation, que Paris se vit plusieurs fois en butte aux attaques des Normands, sous le règne de la dynastie carlovingienne. Dès le temps de Charlemagne, vers l'an 800, lorsque ce prince était au plus haut degré de sa puissance et de sa grandeur, les Normands avaient osé insulter les côtes de France. Sortie des pays scandinaves, cette nation barbare et païenne que l'exubérance de la population, le défaut de terres cultivées et productives, le désir des aventures et du pillage chassaient en foule de sa patrie, voyait dans la France une riche et fertile proie. Montés sur des flottes nombreuses, composées de faibles barques où ils affrontaient intrépidement les tempêtes, les Normands pénétraient, en remontant les rivières, jusque dans l'intérieur de la France, pillaient et brûlaient les villes et les bourgs, et s'en retournaient chargés de butin. Après Charlemagne, l'état de désordre et d'affaiblissement où tomba la France, mal gouvernée par Louis-le-Débonnaire et par Charles-le-Chauve, augmenta la hardiesse de ces barbares. Entrés dans la Seine, ils la remontèrent et s'emparèrent de Rouen qu'ils réduisirent en cendres. Les églises et les couvens étaient particulièrement l'objet de leurs ravages. Les prêtres, les moines, les religieuses se réfugiaient dans les places fortes, avec les reliques des saints, sauvant leurs personnes du massacre et les choses saintes de la profanation. De toutes parts régnait l'épouvante.

Trois fois, en 845, en 856 et en 882, les Normands étaient parvenus jusqu'à Paris, dont ils avaient dévasté tous les environs, saccagé et brûlé les faubourgs. L'abbaye de Saint-Germain des Prés, située hors la ville, qui se bornait encore à l'enceinte de l'île de la Cité, fut détruite de fond en comble dans une de ces incursions. En 885, sous le règne de Charles-le-Gros, les Normands revinrent vers

Paris, déterminés cette fois à s'en emparer. Ils étaient animés en même temps, dans cette expédition, par le désir des conquêtes et par la soif de la vengeance. Charles-le-Gros était un prince sans détermination, sans énergie, et qui, comme tous les hommes lâches, avait recours parfois à la bassesse et à la perfidie. Un prince normand attiré par lui dans une entrevue, près de Coblentz, venait d'être assassiné. A la nouvelle de cette trahison, Sigefroy, un des principaux chefs normands, avait rassemblé toutes les forces de ses compatriotes : son armée était de quarante mille hommes. Pontoise, pris et brûlé par lui, était pour les Parisiens un avertissement terrible : aussi ne négligèrent-ils rien pour sauver leur ville. Charles-le-Gros se tenait bien loin de là, bien loin du péril, à Francfort. Il ne fallait donc pas compter sur ce prince. Heureusement, Eudes, comte de Paris, capitaine aussi sage que vaillant, et l'évêque Gozlin, qui joignait aux vertus du prélat, les talens du guerrier, étaient dans la ville à défaut de Charles. Les Parisiens ne pouvaient avoir de meilleurs chefs pour guider leurs efforts.

Ils eurent en effet besoin de constance et de courage. Les Normands, arrivés devant la ville, l'assaillirent avec fureur. Les deux tours qui défendaient la tête des deux ponts furent en particulier l'objet de terribles assauts. Tout ce que l'on connaissait alors de moyens pour l'attaque et pour la défense des places fut employé de part et d'autre. Les Normands étaient munis d'un grand nombre de machines : c'étaient les *balistes* avec lesquelles on lançait dans la ville assiégée des flèches, des pierres énormes ; les *vignes* ou *galeries d'approche*, charpente garnie d'un double tissu d'osier impénétrable aux traits, que recouvraient des cuirs frais et incombustibles, ces galeries servaient à s'approcher sans péril des assiégés ; les *béliers*, grosses poutres à tête de fer, que cent hommes poussaient avec violence contre les murailles ; les *brûlots*, chargés de matières enflammées qu'on lançait contre l'ennemi ; des *tours*, bâtimens roulans à plusieurs étages, qui s'élevaient plus haut que les remparts. Toutes ces machines jouèrent sans relâche contre les Parisiens sans triompher de leur fermeté. Ils les repoussèrent et les détruisirent plus d'une fois, surtout au moyen d'une pièce de bois monstrueuse, ferrée en pointe, qu'ils faisaient tomber avec une force irrésistible sur les galeries. Ces galeries une fois percées et brisées, laissaient les assaillans exposés aux flèches, à la poix et à l'huile bouillantes, qui les dévoraient.

Eudes et Gozlin étaient toujours au plus fort des combats et des assauts. Le vaillant évêque, le casque en tête, armé d'une hache, animait les assiégés par son exemple, par ses exhortations, par la vue d'une croix qu'il avait plantée sur le rempart. L'abbé Eble, son neveu, homme d'une force de corps surprenante, le suivait partout, et se distinguait par des exploits merveilleux. Cependant les Normands ne se lassaient pas. Repoussés, ils revenaient à la charge avec une fureur nouvelle. La contagion et la famine s'étaient jointes à tous les périls qui pressaient les Parisiens sans les ébranler.

Le siége durait ainsi depuis un an et demi : à peine quelques faibles secours avaient-ils pu pénétrer dans Paris, sous la conduite d'un seigneur, le comte Henri, qui, ayant voulu amener un nouveau convoi, fut surpris, accablé sous le nombre, et tué avec tous les siens. Enfin, Charles-le-Gros se détermine à marcher vers Paris. Les Parisiens voient paraitre son armée sur les hauteurs de Montmartre : ils poussent des cris de joie ; ils croient que le roi va fondre sur les Normands, affaiblis eux-mêmes par un siége si long et si meurtrier ; ils se préparent à le seconder par une vigoureuse sortie. Mais cette armée demeure immobile : Charles n'ose attaquer les ennemis ; il préfère négocier avec eux pour leur retraite. Sept cents livres pesant d'argent paient la levée du siége. Encore fut-il convenu que les Normands iraient passer l'hiver dans la Bourgogne, qu'ils dévastèrent. Après ce honteux traité, Charles retourna en Allemagne ; chargé du mépris de ses sujets, et dépossédé de sa couronne, il mourut peu après de chagrin ou de poison.

Eudes avait été élevé au trône à la place de Charles-le-Gros; Paris, qu'il avait si bien contribué à défendre, le vit encore combattre, dans ses environs, les Normands, revenus bientôt après leur retraite. Eudes leur livra plusieurs batailles heureuses : une entr'autres près de Meaux, où avec mille hommes, il en battit dix-neuf mille. Les guerres contre les Normands continuèrent long-temps encore, mais Paris fut à l'abri de leurs incursions, et le traité conclu en 912, entre Rollon leur duc et Charles-le-Simple, qui leur céda la Neustrie, appelée de leur nom Normandie, mit enfin un terme à leurs ravages si long-temps funestes à la France.

Les quatre premiers règnes de la troisième

race, à savoir ceux de Hugues-Capet, de Robert, de Henri Ier, de Philippe Ier, n'offrent dans l'histoire de Paris aucun événement remarquable. Toutefois, il ne faut pas oublier que c'est à dater de la dynastie capétienne que cette ville devint définitivement la résidence du souverain et la capitale du royaume. Ses accroissemens depuis le commencement de la monarchie n'avaient pas été considérables ; et il ne faut pas s'en étonner, car les faubourgs qui se formaient en-dehors de l'enceinte de la Cité, sur les deux rives de la Seine, avaient été plus d'une fois brûlés et détruits dans les guerres presque continuelles de ces époques orageuses : les incendies, les famines, les épidémies se renouvelaient fréquemment, grâce au défaut de police, à la malpropreté, aux brigandages. Le règne de Louis-le-Gros, intéressant pour la France en général, à cause de l'affranchissement d'une partie des communes, le fut aussi pour Paris en particulier. Sous ce prince, l'enseignement, qui prit dans la capitale une extension inouie jusqu'alors, attira une foule immense d'étudians de divers pays, avides d'entendre le célèbre Abeilard, dont les éloquentes erreurs en philosophie et en théologie furent réfutées non moins éloquemment par saint Bernard. En ce temps, les leçons se donnaient souvent en plein air ou dans les églises et les monastères qui offraient un local assez vaste. Les étudians se logeaient comme ils le pouvaient, les plus pauvres avaient recours à la charité publique. Sous Louis VII, fils et successeur de Louis-le-Gros, les Danois, en fondant un collége destiné à recevoir des jeunes gens du Danemarck, qui venaient étudier à Paris, donnèrent un exemple bientôt suivi. Il s'établit plusieurs colléges où les étudians trouvaient à la fois l'instruction, l'abri et la nourriture. C'était vers 1170.

Ces jeunes gens indisciplinés, que protégeaient les priviléges de l'Université, causèrent souvent des troubles dans Paris. Ils eurent particulièrement de fréquens démêlés avec les moines de l'abbaye Saint-Germain-des-Prés, dont ils venaient piller le verger et le jardin. Les archers, et autres soldats de police, en vinrent mainte et mainte fois aux mains avec ces turbulens écoliers. Les registres du Parlement sont remplis d'arrêts destinés à mettre un frein à leurs désordres.

Nous voici arrivés à Philippe-Auguste, ce roi à qui la France fut redevable de tant de gloire, et la couronne de tant de puissance. Il ne se contenta pas de donner à Paris l'enceinte que nous avons indiquée plus haut, et qui, embrassant de nouveaux quartiers, mettait les habitans en sûreté contre les ennemis du dehors. Il commença un ouvrage qui contribua beaucoup à rendre Paris moins insalubre. Les rues, étroites et sombres, n'étaient point encore pavées : en sorte que presque toute l'année elles présentaient l'aspect de véritables bourbiers. Un jour, dit-on, Philippe-Auguste se tenait à une fenêtre de son palais de la Cité, consacré exclusivement depuis aux tribunaux, et dont nous voyons encore aujourd'hui deux grosses tours au milieu des constructions modernes. Comme le roi regardait du côté de la ville, il arriva qu'une grosse charrette passant non loin de là souleva une boue si épaisse et si infecte, que l'odeur empestée vint jusqu'à Philippe. Il comprit aussitôt l'urgente nécessité d'obvier à un inconvénient si dangereux pour la santé publique, et le pavage de Paris fut ordonné.

La capitale n'eut pas de moins grandes obligations à saint Louis, qui s'occupa avec tant de constance du bien de son peuple. Il fonda dans Paris un grand nombre d'églises et d'autres édifices. Contre l'opinion commune qui fait remonter au roi Jean l'établissement de la première bibliothèque publique dans cette ville, saint Louis en fonda une dans une salle voisine de la Sainte-Chapelle. Il y rassembla des copies qu'il avait fait faire de tous les manuscrits précieux : souvent il y venait lui-même travailler, se mêlant parmi ceux qu'attirait dans cette bibliothèque l'amour de l'étude, et expliquant aux personnes peu lettrées les plus beaux passages de l'Écriture Sainte et des Saints Pères. Ce n'est pas seulement sous le chêne de Vincennes que ce bon et grand roi rendait en personne la justice à ses sujets. Près de son palais de la Cité, il y avait un jardin où, simplement vêtu, il venait s'asseoir, écoutant avec bonté tout individu, sans distinction d'état, qui désirait approcher de lui.

Sous Philippe-le-Bel, Paris fut témoin du supplice des Templiers, brûlés sur une des petites îles qui se trouvaient à la pointe de la Cité, et qui y furent réunies dans la suite. C'est aussi sous ce prince que le parlement fut établi d'une manière fixe dans la capitale du royaume.

Philippe-le-Long, un des trois fils de Philippe-le-Bel, donna aux magistrats prévaricateurs un grand exemple. Un prévôt de Paris nommé Capétal, ayant eu l'infamie, moyennant une somme considérable, de sauver un assassin riche, en faisant exécuter à sa place un innocent pauvre, fut pendu en punition de ce crime atroce. Philippe-le-Long, ainsi que son frère Charles-le-Bel, aimait et protégeait les lettres. Paris leur dut la fondation de plusieurs colléges.

Vers ce temps furent portées des lois somptuaires assez curieuses. Elles réglaient le nombre de plats que chacun pouvait avoir à sa table. Le diner ne devait se composer que d'un seul mets et entremets; le souper de deux mets et un potage au lard. Les rois, alors, n'avaient que trois plats sur leur table ; le meilleur vin qu'on y servait était celui d'Orléans, si estimé alors, que Louis-le-Jeune en faisait des présens. D'autres lois somptuaires destinées à arrêter les progrès du luxe, et à maintenir chacune des classes de la société dans ses limites, réglaient le prix que les personnes de telle ou telle condition pouvaient mettre à leurs vêtemens.

Parmi les malheurs qui affligèrent la France sous le règne de Philippe VI, premier roi de la branche de Valois, on doit compter, outre la désastreuse bataille de Crécy, la peste dont Paris fut frappé, en 1348 et 1349, comme tout le reste du royaume. La mortalité devint si effroyable, qu'on en vint à porter chaque jour cinq cents cadavres de l'Hôtel-Dieu au cimetière des Innocens.

Le règne du roi Jean fut aussi l'un des plus calamiteux dont notre histoire fasse mention. Après la malheureuse bataille de Poitiers où le roi fut pris, et durant sa captivité en Angleterre, les troubles dont la capitale fut le théâtre, joints aux efforts des ennemis, conduisirent le royaume à deux doigts de sa perte.

En effet, Paris avait dès-lors acquis assez d'importance, assez de supériorité sur les autres villes de France, pour que cette capitale eût une influence, sinon décisive comme elle l'est aujourd'hui, du moins fort considérable dans les destinées de l'état. Pendant l'absence du roi, le dauphin, qui fut depuis l'un de nos plus grands princes, sous le nom de Charles V, avait été investi de la lieutenance-générale du royaume, puis de la régence. Pour décider les mesures à prendre dans la situation critique de l'État, il s'empressa de convoquer les états, c'est-à-dire la réunion des trois ordres, la noblesse, le clergé et le tiers-état. Parmi les députés se trouvaient Robert-le-Coq, évêque de Laon, et Étienne Marcel, prévôt des marchands de la ville de Paris ; deux hommes ambitieux, turbulens et pervers. Marcel, en flattant adroitement le peuple, était parvenu à gagner sa faveur. Il s'allia bientôt à Charles-le-Mauvais, roi de Navarre, prince qu'ont rendu malheureusement célèbre tant de vices et de crimes, et qui fut un des fléaux de la France. Marcel et ses complices avaient insolemment demandé au dauphin le renvoi de ses plus fidèles serviteurs ; ils s'étaient opposés à l'émission de nouvelles monnaies qu'il venait de créer. Pour réussir dans leurs desseins coupables, Marcel et Robert ne balancèrent pas à soulever le peuple. Les boutiques furent fermées, un grand nombre de séditieux prirent les armes, des chaines de fer attachées de chaque côté des rues furent tendues en travers. Le dauphin se vit forcé de céder à la violence, et d'accéder aux demandes, ou pour mieux dire, aux ordres des rebelles.

Sur ces entrefaites, Charles-le-Mauvais avait été délivré par ses partisans de la prison où le roi Jean l'avait fait enfermer dix-huit mois auparavant, dans le château d'Alleux, en Picardie. Charles-le-Mauvais se hâta de venir à Paris : c'était en 1357. Sur-le-champ, il convoqua les habitans de la ville dans le Pré-aux-Clercs, près de l'abbaye Saint-Germain-des-Prés. Une foule immense s'y trouva, le dauphin lui-même y fut présent. Monté sur un échafaudage, Charles-le-Mauvais harangua le peuple avec une adresse perfide, l'ameuta, sans en avoir l'air, contre l'autorité légitime. Le dauphin se vit forcé de traiter avec le roi de Navarre, et ce fut dans un repas où ils mangèrent ensemble que celui-ci, dit-on, lui fit prendre un poison dont les effets les plus terribles furent prévenus, mais qui affaiblirent beaucoup la santé du prince.

Charles-le-Mauvais n'observa pas longtemps le traité. Étant sorti de Paris, il mit des troupes en campagne contre le dauphin. Marcel et ses complices, voulant le seconder, jetèrent tout-à-fait le masque; ils adoptèrent un signe de ralliement qui consistait en un chaperon ou capuce mi-parti de rouge et de bleu; avec ces chaperons, ils portaient des *fermails* ou agrafes de manteau en argent, émaillés des mêmes couleurs avec cette inscription : *à bonne fin*. Bientôt Paris fut rempli de ces chaperons et de ces fermails. Dans cette circonstance, l'Université donna un louable exemple de fidélité : le recteur de ce corps défendit à toute personne soumise à la juridiction académique de porter les signes de la rebellion. Contenus quelque temps par les efforts du dauphin, les séditieux ne connurent plus de bornes. Déjà ils avaient ouvertement bravé le prince en rendant les plus grands honneurs au corps d'un misérable qui avait assassiné son trésorier et que l'on avait exécuté pour ce crime. Dans un soulèvement excité par Marcel, le dauphin vit son palais envahi par la plus vile populace, et les maréchaux de Normandie et de Champagne, deux des principaux seigneurs du royaume, assassinés à ses côtés. Pour comble d'humiliation, il fallut que lui-même prît le chaperon rouge et bleu, dont se coiffaient les rebelles. Le dauphin sortit alors de Paris qui resta livré à l'anarchie et au désordre le plus complet. Il parcourut les villes demeurées fidèles à son autorité et parvint à réunir des troupes assez considérables avec lesquelles il se rapprocha de la capitale. Les Anglais, toujours en guerre avec la France, et qui en ravageaient alors une grande partie, faisaient aussi des courses jusqu'aux portes de Paris. Tous les environs de la capitale étaient un théâtre de pillage et d'excès de toute espèce.

Cependant la popularité de Marcel commençait à décroître, grâce surtout à quelques échecs qu'il avait éprouvés, en conduisant contre les Anglais les milices parisiennes, qui perdirent six cents hommes dans une embuscade. Déjà Marcel avait découvert plusieurs complots formés pour remettre Paris sous l'obéissance du dauphin. Le prévôt des marchands vit d'abord l'indifférence succéder pour lui à l'enthousiasme, puis les huées, les malédictions à l'indifférence. Les Parisiens souffraient cruellement de l'état de désordre où leur ville était plongée. Sur le point d'être complètement abandonné de ses partisans, Marcel résolut de se jeter tout-à-fait entre les bras du roi de Navarre. Il alla le trouver en secret; dans cette entrevue, le prévôt des marchands convint de livrer la ville à Charles-le-Mauvais. Les Navarrais devaient s'emparer d'abord de la porte Saint-Antoine, que Marcel leur livrerait, se répandre ensuite dans Paris, massacrer les bons citoyens dont les maisons étaient désignées d'avance, après quoi on aurait proclamé roi de France Charles-le-Mauvais, qui aurait rendu hommage, comme vassal, au roi d'Angleterre.

Cet horrible complot allait s'exécuter. Revenu à Paris, Marcel prit toutes les mesures nécessaires pour accomplir son projet. Il fit avertir le roi de Navarre de s'approcher avec ses troupes auxquelles les portes s'ouvriraient à un signal convenu. « Pour cet effet, dit un historien, pendant la nuit qui précéda le 1er août 1358, Marcel vint à la porte Saint-Antoine, l'une de celles qu'il avait promis de livrer; ayant renvoyé une partie des bourgeois commis à la garde de cette porte, et leur ayant substitué des gens à sa dévotion, il prit les clés des mains de l'officier qui en était dépositaire. Jusque là, il n'avait rencontré aucun obstacle à sa trahison ; la ville allait devenir la proie du Navarrais, lorsqu'un fidèle et généreux citoyen, survenant avec une troupe de ses amis, arrêta les fureurs de Marcel, et sauva sa patrie. Ce bourgeois, digne d'être immortalisé dans les annales de la nation, se nommait Jean Maillard; il était capitaine d'un des quartiers de Paris. Attaché constamment à son prince légitime, il n'attendait que le moment de faire éclater son zèle; les intrigues de Marcel n'avaient pu être si secrètes qu'il ne les eût pénétrées. Il arrive au moment où ce perfide allait consommer son crime ; il l'aborde : — *Etienne, lui dit-il, que faites-vous ici à cette heure ?* — *Jean*, répondit le prévôt, *à vous qu'en monte* (qu'importe) *de le savoir? Je suis ici pour prendre garde à la ville dont j'ai le gouvernement.* — *Pardieu!* reprit Maillard, *il n'en va mie ainsi, ains* (au contraire) *n'êtes-*

vous ici pour nul bien; et je vous montrerai, continua-t-il, en s'adressant à ceux qui étaient près de lui, *comme il tient les clés de la porte en ses mains pour trahir la ville.*
— *Jean, vous mentez,* répliqua le prévôt.
— *Mais vous, Etienne, mentez!* s'écria Maillard, transporté de fureur; en même temps il lève sa hache d'armes. Marcel veut fuir; il le joint, le frappe à la tête; et quoiqu'il fût armé de son *bassinet* (espèce de casque), il le renverse à ses pieds. Ses compagnons se jettent sur les gens du prévôt, ils en massacrent une partie, ils s'assurent des autres. Maillard et ses amis marchent vers la porte Saint-Honoré par laquelle les Navarrais devaient aussi être introduits. En traversant la ville, ils éveillent le peuple, l'appellent à la défense commune; ils racontent ce qu'ils viennent de faire; ils arrivent à la porte, font main-basse sur tous ceux qui veulent se mettre en défense, arrêtent ceux qui ne résistent point, et les conduisent en prison, ainsi que la plupart des autres complices de Marcel, qui furent saisis cette même nuit dans leurs lits. »

Au cri de *Montjoie Saint-Denis!* (cri national de la France de ce temps), que répétaient Maillard et les siens, un grand nombre de personnes furent bientôt réunies. Les rues se remplirent d'habitans armés : en un moment tout Paris apprit l'événement qui venait d'avoir lieu, le péril imminent auquel la ville avait échappé. Le jour venu, Maillard rassembla tout le peuple aux halles, le harangua avec chaleur en faveur du dauphin et contre les misérables dont les horribles projets venaient d'être déjoués. Le peuple, par un de ces retours qui se voient souvent, applaudit Maillard avec enthousiasme, demande le retour du dauphin, voue à l'exécration Marcel et ses complices. Le corps de Marcel et de quatre des séditieux les plus criminels, qui avaient trempé dans le meurtre des maréchaux, furent traînés ignominieusement dans les rues et exposés, comme par expiation, sur le tombeau de ces deux seigneurs. Les factieux emprisonnés furent jugés, condamnés et exécutés. Parmi eux se trouvaient quelques hommes dont la conduite, jusqu'au moment des troubles, avait été sans reproche, et que les perfides séductions de Marcel avaient seules entraînés. L'un de ces bourgeois s'écriait, tandis qu'on le menait au supplice : *Malheureux que je suis! ô roi de Navarre, plût au ciel que je ne t'eusse jamais vu ni entendu!* Quant à Robert-le-Coq, ce détestable associé de Marcel était parvenu à s'échapper.

Maillard et deux conseillers au Parlement, nommés Jean Alphons et Jean Pastourel, furent députés à Charenton, où se trouvait le dauphin avec ses troupes. Ils le prièrent, au nom des Parisiens, de revenir dans la ville qui l'attendait avec impatience. Le prince promit de se rendre à leur demande. En effet, peu de jours après, il fit sa rentrée dans la capitale, accompagné d'un nombreux cortége de seigneurs et de chevaliers. Les plus vives acclamations l'accueillirent. Il alla se loger au Louvre; puis, le lendemain, il se rendit à l'Hôtel-de-Ville, où fut proclamée une amnistie générale. Deux séditieux, coupables de haute-trahison, en furent seuls exceptés.

Malgré le retour du calme dans Paris, la situation de cette ville continua d'être assez triste, à cause de la guerre qui dévastait toujours les environs. La capitale elle-même était menacée de si près, que vers ce temps on y défendit de sonner les cloches dans les églises, depuis les vêpres chantées, jusqu'au lendemain matin, de peur de troubler par le moindre bruit l'attention des sentinelles qui veillaient sur les remparts. Les chanoines, pour cette même raison, adoptèrent la coutume de chanter, aussitôt après complies, les matines, qu'auparavant ils ne chantaient qu'à minuit. De cette défense de sonner les cloches, on n'excepta que le *couvre-feu* qui se sonnait tous les soirs à Notre-Dame, pour avertir les habitants d'éteindre leur feu et leurs lumières, à cause du danger d'incendie.

Edouard III, roi d'Angleterre, résolu d'achever la conquête de la France, ravagée depuis si long-temps par ses troupes, venait de débarquer à Calais, sa nouvelle conquête, avec cent mille hommes. Après avoir ravagé plusieurs provinces et assiégé inutilement Reims, le roi d'Angleterre arriva devant Paris, où le régent se tenait renfermé. Il établit son camp à Chatillon, Montrouge, Vanvres, Gentilly, Vaugirard et autres villages au midi de la capitale. De là, il en dévasta tous les alentours. Les Parisiens pouvaient voir, du haut de leurs remparts, les flammes qui consumaient les bourgs et les villages, et dans lesquelles périssaient les malheureux habitans. Le but d'Edouard était d'attirer le régent hors des murs, afin de lui livrer bataille; il l'envoya même défier. Le jeune prince, guidé par sa sagesse habituelle, ne sortit pas. Un grand nombre de paysans s'étaient réfugiés dans la ville pour échapper aux horreurs commises par les ennemis. Leur foule accrut encore la disette qui régnait à Paris, et qui devint une affreuse famine.

Toutefois, comme l'armée d'Edouard souffrait beaucoup elle-même de son séjour dans un pays dévasté, ce prince fut obligé de s'éloigner. Ce fut peu de temps après que l'on signa à Brétigny, près de Chartres, un traité par lequel la liberté était rendue au roi Jean, mais avec les plus dures conditions pour la France.

Le régent, parvenu au trône par la mort de son père, gouverna la France aussi sagement qu'il l'avait fait durant la captivité du roi. La guerre avec les Anglais avait recommencé, mais grâce à la prudence de Charles V et à la valeur de ses capitaines, parmi lesquels on distinguait Bertrand du Guesclin, toutes leurs entreprises contre la France tournèrent à leur confusion. Ce fut en vain qu'ils revinrent devant Paris. La ville était si bien défendue qu'ils n'osèrent l'attaquer.

C'est sous le règne de Charles V, que fut rendue l'ordonnance qui fixe la majorité de nos rois à quatorze ans. Ce fut aussi Charles V qui cessa de résider au palais de la Cité pour fixer son séjour à l'hôtel Saint-Paul, dans le quartier de l'Arsenal. Cet hôtel resta pendant plusieurs règnes résidence royale.

Les malheurs auxquels la France était en butte depuis Philippe de Valois, interrompus par le règne de Charles V, recommencèrent après lui. Dès les premiers temps du règne de Charles VI, en 1381, une sédition violente éclata dans Paris, au sujet du rétablissement de quelques impôts que le gouvernement avait d'abord supprimés. La plupart des percepteurs de ces impôts étaient juifs. Les juifs furent poursuivis avec acharnement, et massacrés dans leurs maisons. Dans le même moment, une révolte éclatait aussi à Rouen pour une cause pareille. Tandis que le roi se rendait dans cette ville pour la faire rentrer dans le devoir, l'insurrection de la populace de Paris, un moment apaisée, prit une nouvelle force. Malgré les premiers désordres, il s'était trouvé des adjudicataires auxquels on avait affermé la perception de l'impôt. Le premier d'entre eux qui se présenta dans le marché, ayant voulu lever la taxe sur une fruitière, fut égorgé. Tous ceux que la populace put atteindre subirent le même sort jusque sur les marches des autels. Quelques uns s'étant sauvés dans l'abbaye Saint-Germain-des-Prés, cette abbaye fut assaillie : les fortifications dont elle était entourée la sauvèrent. Les insurgés coururent à l'Hôtel-de-Ville, le forcèrent, se saisirent des armes qui s'y trouvaient, parmi lesquelles étaient de gros maillets de plomb, d'où ils prirent le nom de *maillotins*. Ils eurent, dit-on, l'idée de raser le Louvre, et la forteresse de la Bastille, commencée par Charles V et récemment achevée alors. Le projet n'eut pas de suite. Ils se répandirent ensuite dans la ville pour piller les habitans aisés, qui se réunirent armés, au nombre de dix mille, pour tenir tête à ces misérables, en sorte qu'il y avait dans la ville deux partis prêts à en venir aux mains. Dès le commencement de la sédition, la populace ayant besoin d'un chef, courut à la prison de l'évêché où était enfermé Hugues Aubriot, ancien prévôt des marchands, condamné à une réclusion perpétuelle, à la suite d'un démêlé avec l'Université. Les maillotins le délivrèrent et le mirent à leur tête. Mais Hugues-Aubriot, soit par un sentiment de fidélité à son roi, soit par crainte des suites que pourrait avoir cette puissance éphémère, ne profita de sa délivrance que pour quitter Paris et se réfugier en Bourgogne, où il finit tranquillement sa vie.

Le roi avait su à Rouen, qu'il venait de châtier sévèrement, les désordres de Paris. Il hâta son retour avec son armée. Les maillotins voulurent d'abord résister à force ouverte : mais toute la bourgeoisie était contre eux. L'Université, les principaux magistrats allèrent au-devant du roi, le suppliant de pardonner à la ville. Charles y entra dans l'appareil d'un vainqueur irrité. Un trône fut dressé sur les degrés du palais. Le jeune roi, âgé alors de quinze ans, y prit place. Là, il reçut de nouvelles supplications. Les *dames et demoiselles de Paris*, dit un historien du temps, *sans coiffure*, échevelées, se jetèrent aux pieds du roi, tandis que les hommes prosternés *criaient miséricorde*. Le jeune prince, à qui sa leçon était faite par ses oncles et ses conseillers, déclara qu'il pardonnait, sauf de grosses amendes, et l'exécution des principaux rebelles, parmi lesquels on comprit malheureusement Desmarets, vénérable magistrat qui n'était resté à Paris que pour tâcher d'arrêter les désordres. Les impôts furent rétablis sans obstacles.

La folie dont Charles VI fut frappé en 1392, et qui, sauf de courts intervalles, ne le quitta plus jusqu'à sa mort, jeta la France dans un abîme de maux plus affreux que tous ceux qu'elle avait encore soufferts. La guerre contre les Anglais, signalée par la déplorable défaite de l'armée française à Azincourt, les crimes de la reine Isabelle de Bavière, la rivalité des deux partis d'Orléans et de Bourgogne, plongèrent le royaume dans une situation horrible. Le duc de Bourgogne, Jean-sans-Peur, s'était emparé, après la mort de son père, Philippe-le-Hardi, de la régence du royaume que Charles VI n'était pas en état de gouverner par lui-même. Une haine violente s'alluma entre lui et le duc d'Orléans, frère de Charles. Néanmoins, une apparente réconciliation eut lieu; mais elle ne servit à Jean-sans-Peur, que pour préparer le crime le plus atroce. Le soir du 23 novembre 1407, le duc d'Orléans avait soupé à l'hôtel Barbette, rue Barbette, où demeurait la reine, alors en couches. A huit heures, le duc, sur un faux avis, sort de cet hôtel pour se rendre à l'hôtel Saint-Paul, chez le roi. Il était accompagné seulement d'un petit nombre de domestiques : rangée le long de l'hôtel Notre-Dame, situé dans la Vieille rue du Temple, où elle attendait le passage du duc, une foule d'assassins fond sur lui; ses gens s'enfuient à l'exception d'un seul qui ne veut pas l'abandonner et périt à ses côtés. Percé de mille coups, le duc d'Orléans expire; le duc de Bourgogne, sortant de l'Hôtel Notre-Dame, vient, dit-on, lui même, frapper une dernière fois le cadavre de son ennemi.

Cet abominable assassinat causa dans le premier moment une stupeur générale. Le duc de Bourgogne, qui, d'abord avait feint la plus vive douleur, sortit de Paris et ne craignit pas alors d'avouer hautement son crime. Valentine de Milan, veuve du prince assassiné, qui se trouvait alors à Château-Thierry, vint à Paris pour demander justice au roi. *C'est*, dit un auteur du temps, *le plus haut deuil qui devant eût été vu : la dame et ses femmes étaient atournées de noirs atours.* Son char traîné par six chevaux blancs, et couvert de drap noir, la cachait entièrement ; car l'usage ne permettait pas alors aux princesses de se montrer en public dans les six premiers mois de leur veuvage.

Malgré la démarche de Valentine, le crime de Jean-sans-Peur demeure impuni ; ce duc et le fils aîné de la victime se préparent alors à se combattre. Les premiers apprêts de guerre furent faits au milieu de l'hiver de 1408, dont la rigueur surpassa tout ce qu'on avait vu depuis plusieurs siècles. La plupart des vignes et des arbres fruitiers gelèrent. On obligea les habitans des campagnes voisines de Paris à voiturer du bois et de la farine pour la consommation de cette ville où les approvisionnemens étaient près de manquer. On trouve sur le registre du parlement à cette époque une note où le greffier qui le tenait remarque que malgré le grand feu entretenu dans les salles, l'encre gelait dans sa plume de trois mots en trois mots. Quand la glace de la Seine se rompit à Paris, on vit flotter un glaçon de trois cents pieds de long: la débâcle emporta le pont Saint-Michel et le Petit-Pont, avec les maisons qui les couvraient. Il en résulta une interruption dans les communications d'un bord à l'autre de la Seine qui obligea les officiers du parlement, domiciliés dans les quartiers de la rive gauche, à tenir momentanément leurs séances à Sainte - Geneviève, faute de pouvoir se rendre au Palais.

Le duc de Bourgogne revint à Paris avec des forces considérables qui le rendirent tout-à-fait maître dans la ville. D'ailleurs la populace séduite par ses semblans de popularité, était disposée en sa faveur. Elle applaudit la harangue d'un misérable nommé Jean Petit qui, sur le parvis de Notre-Dame, prononça au nom de Jean-sans-Peur une apologie aussi insensée qu'atroce du crime de son patron. L'infortuné Charles VI, qui n'avait quelques intervalles lucides que pour sentir ses malheurs, et ceux de son peuple, demeura à la merci du duc de Bourgogne, qui gouverna en son nom. Le jeune duc d'Orléans venait d'épouser la fille du comte d'Armagnac, seigneur fort puissant. De là, le parti Orléanais fut appelé parti *Armagnac*. La guerre civile s'alluma de tous côtés. Le comte de Saint-Paul, gouverneur placé à Paris par le duc de Bourgogne, y organisa une milice formée surtout de bouchers, sous les ordres de trois d'entre eux, Le Goix, Saint-Yon et Thibert. Cette milice, appelée milice des bouchers, se grossit d'une foule de gens sans aveu et de scélérats, qui commirent mille assassinats et brigandages. Tout individu désigné comme *Armagnac* était égorgé. La terreur régnait dans la capitale. Le roi n'étant pas en sûreté à l'hôtel Saint-Paul, on fut obligé de le transporter au Louvre. On ne pouvait plus se montrer dans Paris qu'avec l'écharpe rouge et la croix de Saint-André, signes de ralliement de la faction bourguignonne. Après une campagne où les deux ducs d'Orléans et de Bourgogne commandaient en personne, le premier s'approcha de Paris, espérant s'en rendre maître. La prise de Saint-Cloud et de Saint-Denis lui donna les moyens de resserrer la capitale, où la fureur populaire contre les Armagnacs ne fit que redoubler. Elle était animée par les excommunications lancées du haut des chaires sur ce parti.

Le duc de Bourgogne revint alors vers Paris; il en fit lever le siége, et fut reçu en triomphe dans la ville, dont les environs avaient été horriblement dévastés par les deux partis. Jean-sans-Peur s'était allié aux Anglais, toujours en guerre avec la France, et dont plusieurs milliers figuraient dans son armée. Dans un des combats qui suivirent, Le Goix, un des chefs des bouchers, fut blessé. Il mourut à Paris, où l'on fit à ce misérable des funérailles dignes d'un prince. Le duc de Bourgogne y assista.

Après plusieurs feintes réconciliations entre les partis rivaux, plusieurs chances réciproques de bonne et de mauvaise fortune, auxquelles se mêla, sans interrompre la guerre civile, la désastreuse défaite d'Azincourt, aussi funeste à la France que les journées de Crécy et de Poitiers, les Armagnacs devinrent maîtres de Paris. C'était en 1418. Le comte d'Armagnac, à défaut du duc d'Orléans fait prisonnier à Azincourt, par les Anglais, commandait dans la ville. Il chargeait les habitans de contributions qui le rendaient odieux, et déployait la sévérité la plus rigoureuse, afin de les contenir par la terreur. Les Bourguignons, qui conservaient à Paris de nombreux partisans, surent profiter des dispositions de la populace. Un jeune homme, Perrinet Le Clerc, fils d'un marchand de fer, demeurant sur le Petit-Pont, avait été maltraité par les domestiques d'un des ministres; n'ayant pu obtenir justice du prévôt de Paris, il résolut de se venger sur tout le parti Armagnac, en livrant la ville aux Bourguignons. Il forma, avec quelques amis, un complot dont ils avertirent le seigneur de l'Ile-Adam, qui se trouvait aux environs avec des troupes Bourguignones. Le père de Perrinet était quartenier, c'est-à-dire un des capitaines des milices bourgeoises, et chargé de la garde de la porte Saint-Germain. Perrinet lui en déroba les clefs sous son chevet, et dans la nuit du 28 au 29 mai, ce traître ouvrit la porte Saint-Germain à l'Ile-Adam qui entra aussitôt avec huit cents hommes d'armes. Des bourgeois du parti Bourguignon se joignent à lui. Tous se répandent dans la ville, aux cris de *vive Bourgogne*, sans que les Armagnacs surpris puissent résister. Les ministres, les principaux seigneurs de ce parti sont saisis, chargés de fers, traînés en prison. Tanneguy Duchatel, prévôt de Paris, a par bonheur le temps de courir à l'hôtel du Dauphin, qu'il prend dans ses bras, et qu'il emporte à la Bastille, où se refugièrent plusieurs autres seigneurs Armagnacs. De là ils se retirèrent avec le prince à Melun, d'où ils firent une tentative inutile pour reprendre Paris par surprise.

Le 12 juin suivant, eurent lieu dans la capitale les plus épouvantables scènes. Des bandes de forcenés courent aux prisons, et égorgent tous ceux qui s'y trouvaient. Le comte d'Armagnac fut du nombre, avec plusieurs prélats, et quantité de seigneurs, de magistrats et d'habitans notables. Cette boucherie fut surtout horrible au Grand-Châtelet, où les prisonniers essayèrent de se défendre. Les massacres ne se bornèrent pas là. Il y en eut dans toutes les rues. Pour se défaire d'un ennemi ou d'un créancier, il suffisait de le désigner comme Armagnac. On frémit en lisant le détail des atrocités qui furent commises en présence et avec l'autorisation et les encouragemens même des seigneurs Bourguignons. Trois mille cinq cents personnes perdirent la vie, sans compter celles qui périrent quelques jours après dans de nouveaux massacres.

Le duc de Bourgogne et la reine Isabelle,

son exécrable complice dans tous les maux de l'état, vinrent à Paris où ils firent leur entrée à travers des rues encore teintes de sang et au milieu d'un appareil de fête. Ils descendirent à l'hôtel Saint-Paul, où le malheureux Charles VI, étranger, par sa folie, à tout ce qui se passait autour de lui, les reçut comme ses amis les plus véritables.

Peu après l'arrivée du duc de Bourgogne, de nouveaux massacres furent commis par la populace, qu'exaspérait la disette de vivres; le duc avait fait répandre le bruit que les Armagnacs étaient cause de cette disette. Le chef des égorgeurs était le bourreau de la ville, nommé Capeluche. Jean-sans-Peur n'eut pas honte de conférer avec ce scélérat et de lui toucher la main. Cependant, au bout de quelque temps, trouvant que Capeluche et les siens devenaient menaçans pour son autorité, il les fit arrêter et mettre à mort.

A toutes ces atrocités succéda un autre fléau. Les chaleurs excessives déterminèrent une contagion qui jusqu'à la fin de l'année emporta cent mille hommes. Les prêtres ne pouvant suffire à rendre les derniers devoirs à chaque mort en particulier, on ne célébrait qu'un seul service pour dix ou douze convois. L'on interdit de sonner les cloches, pour ne pas augmenter la consternation publique. La malpropreté des rues, le défaut de bonne police rendait malheureusement fréquentes ces affreuses épidémies.

Les Anglais, actifs à profiter des désastres de la France, avaient fait, pendant ce temps, une invasion nouvelle dans le royaume, sous le commandement de leur roi Henri V. Rouen venait de succomber, après la plus héroïque résistance. Le dauphin Charles, pour résister aux ennemis étrangers, proposa une réconciliation au duc de Bourgogne. Tous deux convinrent d'une entrevue sur le pont de Montereau-faut-Yonne : le duc fut tué, dans cette entrevue, par les gentilshommes de la suite du dauphin, qui, suivant toute apparence, n'ordonna pas ce meurtre, provoqué, au rapport de plusieurs historiens, par une tentative de Jean pour se saisir de la personne du prince.

Cet événement n'améliora pas la situation du dauphin. L'exécrable Isabelle s'allia contre son propre fils avec Philippe, successeur de Jean, et avec les Anglais, qui firent en 1420, leur entrée dans Paris. Henri V fut déclaré, par des misérables vendus à l'étranger, régent du royaume, et roi de France après la mort de Charles VI. Mais il mourut deux ans après, et Charles ne tarda pas à le suivre.

Le dauphin, au moment de la mort de son père, était au château d'Espally, près du Puy en Velay : il y fut proclamé roi; de là il vint à Poitiers où il se fit couronner. Pendant ce temps, le duc de Bedfort, soi-disant régent du royaume durant la minorité d'Henri VI, roi d'Angleterre, son neveu, convoqua à Paris une assemblée de tous les corps constitués, qui, aveuglés par la passion ou dominés par la terreur, prêtèrent serment au prince étranger. On le fit prêter aussi à tous les habitans de la ville sans distinction. Pour se rendre populaire, Bedfort avait supprimé ou diminué quelques impôts : la populace, dans ces premiers momens de la domination anglaise, n'avait pas honte de s'applaudir d'un changement dont elle n'eut pas longtemps à se féliciter. Un bon citoyen, nommé Michel Lallier, ayant tramé un complot pour ouvrir les portes de Paris au roi légitime Charles VII, ses plans furent découverts. Il n'eut que le temps de fuir, et plusieurs de ses amis périrent du dernier supplice, victimes de leur loyauté.

Le duc de Bedfort s'étant mis en campagne contre les généraux de Charles VII, de nombreux combats se livrèrent : la plupart, entre autres ceux de Cravant et de Verneuil, eurent un résultat funeste aux Français. Orléans, la plus importante place qui restât au roi, allait succomber après un long siége, quand l'intervention miraculeuse de Jeanne d'Arc releva le courage des troupes royales et sauva l'état. Grâce à cette héroïne et aux habiles généraux, tels que Dunois, Xaintrailles, La Hire, qui combattaient pour Charles VII, ce prince fut solennellement sacré à Reims. Les Anglais se vengèrent de leurs revers par le supplice de Jeanne, prise en défendant Compiègne, et brûlée à Rouen comme sorcière : ignoble et abominable cruauté qui couvrit de honte ces lâches bourreaux. Mais l'élan donné par Jeanne aux troupes françaises, continuait de les faire triompher. Plusieurs villes voisines de Paris tombèrent en leur pouvoir ; peu s'en fallut qu'elles ne s'emparassent de la capitale elle-même.

Ce fut sans doute pour contrebalancer l'effet des victoires de Charles, que Bedfort fit faire au jeune Henri VI, en 1431, une entrée solennelle dans Paris. Pour l'honneur de la noblesse française, pas un gentilhomme de marque ne l'accompagnait. Sur son passage les rues étaient garnies de tapisseries ; des échafaudages avaient été dressés pour la représentation de *Mystères*, spectacles sacrés en usage depuis peu. Enfin, on déploya une grande magnificence ; mais le peuple, déjà désabusé de son fol aveuglement, ne fit pas éclater d'enthousiasme. Ecrasé d'impôts, traité durement par les étrangers, il ne reçut en cette occasion aucune de ces marques de munificence que nos rois avaient coutume de lui prodiguer. Henri VI se fit sacrer à Notre-Dame par le cardinal de Wincester, prélat anglais : peu après il quitta Paris et retourna en Angleterre.

Vers ce temps, Isabelle de Bavière, méprisée de tous les partis, mourut à l'Hôtel Saint-Paul dans l'abandon le plus complet, et fut inhumée comme la personne la plus obscure. Le duc de Bedfort mourut aussi, et cet événement redoubla les terreurs des Anglais, qui, ne se croyant plus en sûreté dans Paris, exerçaient la tyrannie la plus odieuse, faisant périr toute personne accusée d'attachement au roi. Néanmoins, il se trouva des hommes assez dévoués, pour tramer une nouvelle conspiration royaliste. Michel Lallier, qui avait trouvé moyen de rentrer dans la capitale, était encore le chef de l'entreprise. Lui et ses amis avertirent le roi de leur dessein, ne lui demandant que l'assurance d'un pardon général pour la ville, ce qui fut accordé. Ces hommes courageux gardèrent si bien leur secret que rien ne transpira. Les Anglais soupçonnaient seulement d'une manière vague des projets dont ils ne pouvaient connaître les auteurs. Ils prirent des mesures qui étaient autant de preuves de leur trouble et de leur frayeur. Ils tâchaient de faire croire aux Parisiens que Charles VII voulait tout massacrer et tout détruire dans la ville. Ils défendirent aux habitans, sous peine de mort, d'approcher des remparts; ils les forcèrent de prêter un nouveau serment au roi d'Angleterre; dans leurs résolutions, l'odieux le disputait au ridicule; ils sentaient que le terme de leur pouvoir était venu.

Enfin, tout étant prêt, le vendredi, 15 avril 1436, à la pointe du jour, un corps de troupes royales, de concert avec les conjurés, s'approcha de la porte Saint-Jacques; le connétable de Richemont le commandait. Le duc de Bourgogne s'étant réconcilié avec le roi, plusieurs seigneurs bourguignons s'y trouvaient aussi. Les royalistes ayant ouvert une poterne, quelques soldats entrent et brisent la serrure de la porte pour livrer passage à la cavalerie. Les guerriers du connétable se précipitent alors dans les rues au cri de *vive le roi!* au milieu des acclamations du peuple, qui les reçoit comme des libérateurs. C'est en vain que les Anglais et quelques-uns de leurs partisans, les plus couverts de crimes, courent aux armes. Réunis aux troupes royales, les Parisiens, arborant la croix blanche, les poursuivent avec acharnement, les écrasent, les forcent à se réfugier dans la Bastille. Sur le pont Notre-Dame, le brave Lallier et les autres chefs de la conjuration vinrent recevoir le connétable et lui présentèrent un étendard aux armes de France. Le connétable embrassa Lallier. « *Mes bons amis*, dit-il aux bourgeois qui l'entouraient, *le bon roi Charles vous remercie cent mille fois, et moi de par lui, de ce que si doucement lui avez rendu la maîtresse cité de son royaume; et si quelqu'un a mépris par devers monsieur le roi, absent ou présent, il lui est pardonné.* » Toute violence fut sévèrement interdite aux soldats. Deux jours après les Anglais, renfermés dans la Bastille, capitulèrent, et s'estimèrent heureux qu'on leur permit de se rendre en Normandie. Cette restauration, après 16 ans de domination étrangère, s'opéra sans qu'une goutte de sang français fût versée; et dès le premier moment, la disette, l'inquiétude, la terreur, furent remplacées par l'abondance, la joie et la sécurité.

Ce ne fut toutefois que l'année suivante, après avoir remporté personnellement plusieurs avantages signalés, que Charles VII rentra dans la capitale. Les clefs lui furent présentées par les magistrats au village de la Chapelle, ho.s du faubourg Saint-Denis. On déploya toute la magnificence que l'on connaissait alors. Des fontaines de vin coulaient partout à flots, et à la porte Saint-Denis, trois anges, *chantant très-mélodieusement*, accueillirent Charles, qui marchait à la tête de toute sa noblesse. Il se rendit à Notre-Dame, comme avait fait le roi anglais; mais ce fut au milieu des transports d'ivresse de toute la population, heureuse, après si long-temps, de revoir son roi qui revenait, le sourire sur les lèvres et le pardon dans le cœur.

Le reste du règne de Charles VII fut employé, en très-grande partie, à achever l'expulsion des Anglais : œuvre glorieuse que consomma en 1451, la bataille de Formigny en Basse-Normandie. Les Anglais ne conservèrent plus en France que Calais, qui resta encore un siècle entre leurs mains.

Paris avait enfin retrouvé du calme et de la sécurité. Pendant une période de plus de cent trente années, nous ne voyons dans l'histoire particulière de la capitale qu'un seul point saillant : il s'agit du rôle que joua cette ville sous le règne de Louis XI, dans la guerre entreprise contre ce prince par les grands vassaux de la couronne.

Le véritable motif de cette guerre fut l'ombrage que portaient à ces princes et à ces seigneurs les progrès toujours croissans de la puissance royale ; le prétexte fut le soulagement des peuples, d'où la guerre en question prit le nom de *guerre du bien public*. Les principaux confédérés étaient le comte de Charolais, depuis si fameux sous le nom de Charles-le-Téméraire, fils du duc de Bourgogne ; les ducs de Bretagne, de Bourbon, d'Alençon, et les comtes d'Armagnac et d'Albret. Le comte de Charolais marcha sur Paris. Charles de Melun en était gouverneur. Il prit, d'accord avec les habitans, les meilleures mesures pour la défense de la ville. Les bourgeois prirent les armes; à l'exception de deux, les portes furent murées, des postes établis, les chaines des rues replacées. En vain, le comte de Charolais essaya-t-il d'intimider les Parisiens par l'aspect de son armée rangée en bataille, ou de réveiller en eux quelques restes d'attachement pour l'ancienne cause Bourguignonne. Ils avaient trop bien apprécié les avantages d'un gouvernement ferme et régulier, pour se rejeter dans les maux de l'anarchie, si long-temps appesantis sur eux. Le roi, qui alors faisait la guerre au duc de Bourbon, envoya quatre de ses officiers pour remercier les Parisiens de leur zèle, puis il marcha avec son armée à leur secours.

Le comte de Charolais, voyant qu'il ne pouvait prendre Paris ni de gré ni de vive force, s'en éloigna, pour aller au-devant du duc de Bretagne qui venait se joindre à lui. Le roi et le comte se rencontrèrent, sans se chercher, dans la plaine de Longjumeau, près de Montlhery. Là se livra, le 16 juillet 1465, une bataille sanglante et opiniâtrément disputée. Les deux princes y montrèrent beaucoup de courage et de sang-froid ; la perte fut égale des deux côtés, et chacun des deux partis s'attribua la victoire. Le roi continua sa marche vers Paris où il entra deux jours après, et le comte fit sa jonction avec le duc de Bretagne.

Louis XI s'attacha adroitement à fortifier l'attachement des Parisiens pour son gouvernement et sa personne. Il visitait familièrement les principaux bourgeois, les invitait à sa table. Il donna entrée dans son conseil à six d'entr'eux; il confirma les privilèges de la ville, diminua les impôts. Cette politique habile réussit à Louis XI ; il put sans crainte s'éloigner de Paris, pour aller en Normandie où il voulait faire prendre les armes à la noblesse.

Le comte de Charolais, réuni aux autres princes confédérés, ne tarda pas à reparaître devant Paris. L'armée coalisée montait à cent mille hommes. Dans l'espoir qu'ils avaient encore de gagner les Parisiens, ses chefs lui faisaient observer une rigoureuse discipline. Cette armée établit des ponts de bateaux, passa la Seine, et environna Paris du côté du Nord, les troupes royales demeurant postées au Midi. Dans cette situation, les princes demandèrent une conférence aux Parisiens. Pour cet objet, le duc de Berry, que les confédérés avaient nommé régent du royaume, adressa des lettres au parlement, au clergé, au corps municipal, à l'université. Les Parisiens, malgré le gouverneur, accordèrent l'entrevue. Des députés de la ville se rendirent au camp des confédérés, où on les reçut en grand appareil. Le comte de Dunois, parlant au nom des princes, peignit avec les couleurs les plus odieuses, le gouvernement de Louis XI, qu'il accusa d'opprimer le peuple ;

il assura que les princes ne voulaient autre chose que la convocation des trois ordres de l'état, afin de remédier aux maux publics et aux vices de l'administration ; enfin, il demanda l'entrée de la ville pour les troupes confédérées.

Malgré l'habileté de l'orateur, les Parisiens refusèrent absolument de recevoir les princes et leur armée ; de sorte que la conférence fut rompue. Pendant ce temps, le roi revint. Des sorties furent faites avec succès contre les confédérés. Grâce aux sages mesures prises par le gouvernement, et qui contrastaient avec l'incurie administrative dont on avait vu jusqu'alors de trop fréquens exemples dans l'histoire de Paris, la ville était bien approvisionnée, tandis que les assiégeans souffraient de la disette. Postés d'abord à Bercy, qu'on appelait alors la *Grange aux Merciers*, ils furent obligés de reculer jusqu'à Conflans. Ils jetèrent un pont de bateaux sur la Seine pour s'emparer de l'autre rive, occupée par les troupes royales, mais ce pont fut foudroyé par l'artillerie ; un archer eut la hardiesse de venir le détacher du rivage, après quoi le courant l'emporta. Une nouvelle tentative que firent les princes, pour tra-traverser la Seine à Charenton, ne réussit pas davantage : leur armée dépérissait dans ce blocus infructueux.

Cependant le roi, malgré ces heureux succès, avait hâte de voir la fin de cette guerre. Rouen, Pontoise, Péronne venaient d'être livrés, par trahison, aux princes confédérés. A Paris même, ses ennemis se remuaient. Le bruit se répandit que la Bastille devait être livrée aux Bourguignons. Sur ce bruit, toute la bourgeoisie prit les armes, tendit les chaines, alluma, pendant la nuit, des feux dans les rues. Ces précautions n'étaient pas inutiles ; car le lendemain, la porte Saint-Antoine fut trouvée ouverte, et l'artillerie, qui la défendait, enclouée. Louis XI fut donc disposé à entrer en pourparlers avec les princes. On conclut le traité de Conflans, par lequel les confédérés obtinrent des gouvernemens, des villes, des châteaux en grand nombre. Ce traité était si désavantageux au roi qu'évidemment il ne le signa qu'avec l'intention de le rompre à la première occasion favorable.

Ainsi se termina cette guerre du *bien public* où Paris, si souvent, jusqu'alors, rebelle à ses princes, donna au roi des preuves de fidélité que Louis XI méritait moins sans doute personnellement que la plupart de ses prédécesseurs. Mais chez lui les qualités du souverain compensaient l'absence des vertus privées : il avait su d'ailleurs flatter le peuple et la bourgeoisie, qui lui tinrent compte de ses complaisances à leur égard.

Durant le règne de Charles VIII et celui de Louis XII, dont la mort fut annoncée par les crieurs publics, dans les rues de Paris, en ces termes si simples et si touchans : *Le bon roi Louis, père du peuple, est mort*; l'histoire de la capitale est peu féconde. Le pouvoir royal, fortifié par Louis XI, avait donné à cette ville une tranquillité peu commune jusqu'alors. L'esprit de turbulence des Parisiens s'était calmé. Pendant la guerre du *bien public*, ils avaient, comme on l'a vu, donné des preuves de fidélité à la couronne. Ils lui en donnèrent encore, lorsque les guerres, trop souvent malheureuses, du règne de François Ier, firent craindre que l'ennemi n'arrivât aux portes de la capitale. C'était au moment où le connétable de Bourbon, par une défection honteuse, venait de porter à Charles-Quint ses talens militaires si funestes à la France. Attaqué sur les frontières d'Italie et d'Espagne par l'empereur, le pape, tous les états d'Italie, le royaume voyait une armée anglaise traverser la Somme pour marcher sur Paris. Le roi, alors dans le midi de la France, apprenant que la capitale était menacée, se hâte d'y envoyer Philippe de Chabot, seigneur de Brion, qui annonça au parlement l'arrivée prochaine du duc de Vendôme avec un corps de troupes, et de la reine et de ses enfans, qui, pour donner aux Parisiens une preuve de la confiance royale, venaient s'établir au milieu d'eux. Le parlement répondit par des protestations de dévouement, qui se renouvelèrent à l'Hôtel-de-Ville, où le sire de Brion se rendit ensuite. Le duc de Vendôme, qui arriva, en effet, peu de jours après, fit mettre Paris en bon état de défense. On répara les anciennes fortifications. On en éleva de nouvelles qui furent garnies d'artillerie, et une levée de deux mille hommes fut opérée dans la ville par ordre du parlement.

Les Anglais n'ayant pas continué leur marche, ces préparatifs furent inutiles, du moins pour le moment. Mais le danger ne tarda pas à se renouveler. Le roi perdit dans le Milanais, en 1525, contre les généraux de Charles-Quint, la sanglante bataille de Pavie, où il fut fait prisonnier. Cette catastrophe fit craindre de nouveau de voir les ennemis au cœur du royaume. Tous les magistrats de

Paris, les députés du Chapitre, de l'Université, de tous les corps se rassemblèrent à l'Hôtel-de-Ville. Toutes les portes, excepté cinq, (les portes Saint-Antoine, Saint-Denis, Saint-Honoré, Saint-Jacques et Saint-Victor) furent murées. On arrêta que les cinq portes conservées libres pour les approvisionnemens s'ouvriraient le matin à sept heures et se fermeraient à huit heures du soir; que les magistrats et autres notables bourgeois y veilleraient sans cesse. Deux présidens du parlement, MM. de Selve et de Vist, donnèrent l'exemple, en montant les premières gardes en habit de guerre. On barra la rivière par des chaînes tendues au-dessus et au-dessous de la ville. Le seigneur Guillaume de Montmorency, qui, dans sa jeunesse, soixante ans auparavant, s'était trouvé au siége de Paris lors de la guerre du *bien public*, fut invité par le parlement à l'aider de son expépérience. Ce noble vieillard, malgré son âge et ses infirmités, se rendit aussitôt dans la capitale accompagné de vingt gentilshommes. Par son exemple et ses discours, il augmenta le courage et le dévouement des Parisiens : il employa aux travaux des fortifications, sous la surveillance des compagnies bourgeoises, les mendians et les gens sans aveu qui pullulaient dans les rues. Malgré ces sages précautions, des bandes de brigands connus sous le nom de *Mauvais garçons*, cachées dans les villages au-dessus de la ville, profitèrent des calamités publiques pour exercer leurs ravages jusque dans Paris. Ils y descendaient la nuit, malgré les chaînes tendues, sur des radeaux et des embarcations, se répandaient dans divers quartiers, enfonçaient les portes et pillaient les maisons. Il fallut employer des troupes réglées pour réprimer les excès de ces scélérats.

Le roi, délivré de sa prison, revint à Paris en 1526. A son arrivée, il descendit aux Tournelles; puis il convoqua dans la grande salle du Palais une assemblée solennelle des notables, et s'y rendit accompagné de ses ministres et de sa cour. Là, François Ier, peignant avec énergie la situation du royaume, menacé autant que jamais par les ennemis, avec lesquels il fallait ou combattre, ou négocier à prix d'argent, fit un appel aux sentimens de l'assemblée; il lui demanda ce qu'il fallait faire en ce danger pressant. L'élan fut général. On répondit aux paroles si franches et si élevées de François Ier par des acclamations d'enthousiasme. Le clergé, la noblesse, les magistrats, les échevins, parlant au nom de la ville, offrirent leurs biens et leur sang pour soutenir une guerre qu'on ne pouvait éviter que par une paix honteuse. Le monarque et l'assemblée s'étaient compris.

La guerre continua donc, avec des succès variés. Après plusieurs années d'alternatives bonnes et mauvaises, interrompues seulement par le traité de Cambray, François Ier et Charles-Quint, également épuisés, conclurent à Nice une trêve de dix ans. Ce fut pendant cette trêve que Charles-Quint, pressé de se rendre d'Espagne en Flandres pour châtier les Gantois révoltés, demanda à François Ier la permission de traverser la France, se remettant ainsi entre les mains de l'ennemi qu'il avait trompé si souvent.

Non seulement François Ier lui accorda cette permission, mais encore il lui fit à Paris une réception magnifique. Charles-Quint y fit son entrée le 1er janvier 1540 par la porte Saint-Antoine, où les échevins lui présentèrent le dais aux armes impériales. Les ordres religieux, les cours de justice, le chancelier, les gentilshommes de la maison du roi, précédèrent sa marche, à travers les rues ornées de riches tapisseries, au bruit du canon de la Bastille, jusqu'à Notre-Dame où il fit sa prière. De là, Charles se rendit au Palais. Le roi le reçut au bas de l'escalier, et le conduisit dans la grande salle, où était préparé le banquet royal, que suivit un bal magnifique. L'empereur séjourna à Paris huit jours, pendant lesquels les tournois, les danses, les fêtes de tout genre se succédèrent, non toutefois sans qu'il éprouvât parfois de vives appréhensions de se voir au pouvoir de François Ier, qui pouvait profiter de cette circonstance pour obtenir l'annulation du traité désavantageux conclu quelques années auparavant. Mais François Ier avait donné sa parole royale ; malgré les sollicitations de plusieurs personnes de sa cour, il la respecta.

Deux ans après, la guerre recommença; une invasion que les impériaux firent en Champagne causa de si vives alarmes, que l'on vit affluer à Paris les habitans de toutes les campagnes voisines, qui venaient avec leurs bestiaux et leurs meubles y chercher un refuge. Le trésor de Saint-Denis, les vases sacrés des églises des environs furent portés dans la capitale ; un grand nombre de Parisiens ne s'y croyant pas en sûreté, fuyaient même, accompagnés de leurs effets les plus précieux, vers Rouen, vers Orléans, vers les provinces méridionales. Le roi se hâta de se rendre à Paris. Il reprocha sévèrement aux députés du

Parlement la terreur panique, dont eux-mêmes, qui devaient l'exemple, n'avaient pas su se défendre. Il leur enjoignit de reprendre leurs audiences, imprudemment interrompues, de faire rouvrir les boutiques que la frayeur avait fermées. Il parcourut la ville à cheval, parlant au peuple pour l'encourager : « Mes enfans, disait-il, Dieu vous garde de la peur, Dieu vous garde des ennemis! » Le roi songeait à entourer Montmartre de fossés, afin d'y établir un camp, lorsque la paix de Crespy, signée en 1544, mit fin aux alarmes de la capitale.

C'est sous le règne de François Ier que se manifestèrent les premiers élémens des troubles religieux, qui, plus tard, causèrent tant de désordres en France. La réforme avait fait déjà de nombreux prosélytes en Allemagne, même parmi les princes : Henri VIII, roi d'Angleterre, s'était séparé de l'Église romaine, lorsque, dans la nuit du 18 octobre 1528, des placards injurieux à la foi catholique furent trouvés, dans Paris, au coin d'un grand nombre de rues. Il en fut affiché de pareils, en même temps, jusqu'aux portes du château de Blois, où résidait alors le roi. En réparation du scandale causé par les placards apposés dans la capitale, toutes les églises firent des processions. Le Parlement informa, et vingt-quatre individus, désignés comme coupables du fait, furent arrêtés. Le roi s'étant rendu à Paris, ordonna une nouvelle expiation encore plus solennelle que la première. Une procession générale eut lieu ; on y porta, comme dans les grandes calamités, les châsses de Ste.-Geneviève, de St.-Marcel, et des autres églises. François Ier assista à cette procession avec toute la cour et les ambassadeurs étrangers. Il convoqua ensuite, dans la grande salle de l'évêché, les chefs de toutes les compagnies, et déclara devant cette assemblée, son intention de poursuivre sans relâche les sectateurs de la réforme. Le même jour, à six heures du soir, six des coupables arrêtés furent brûlés à petit feu sur la place de Grève.

Cette rigoureuse exécution n'empêcha pas les protestans de se multiplier à Paris sous ce règne et sous le règne suivant. Marguerite de Valois, sœur de François Ier, embrassa la réforme. En 1549, deux ans après l'avénement de Henri II, une nouvelle assemblée générale des notables eut lieu, à l'effet d'arrêter les progrès du calvinisme, dont un grand nombre de prosélytes périrent encore dans les flammes : en face même des bûchers, le nombre des sectaires s'accroissait. Leurs doctrines gagnèrent beaucoup de personnes de distinction et de gens de cour. En 1555, un gentilhomme du Maine, nommé Ferrière Méligny, établit une église protestante dans le faubourg St.-Germain. Henri II voulut alors former en France des tribunaux d'inquisition comme ceux d'Espagne et d'Italie. Il y renonça sur les représentations du Parlement. En 1557, une nombreuse assemblée de protestans s'étant réunie dans une maison de la rue St.-Jacques, le peuple s'ameuta contre eux, en poussant des cris de mort. Mais les plus déterminés de cette assemblée se frayèrent un passage, l'épée à la main. Les femmes et les vieillards qui s'y trouvaient, auraient péri égorgés, sans l'intervention de la force publique. On les traîna en prison : cinq furent brûlés ; les autres furent relâchés sur les instances de quelques états réformés.

Quelque temps après, pendant une absence du roi, les protestans, encouragés par l'adhésion d'Antoine de Bourbon, roi de Navarre, de Jeanne d'Albret sa femme, du prince de Condé et de la princesse de Condé, qui avaient embrassé le calvinisme, firent un nouveau coup d'éclat. Au nombre de quatre mille ils traversèrent en plein jour, comme une procession, une partie du faubourg St.-Germain, et se rendirent ainsi au Pré-aux-Clercs, chantant en chœur des psaumes de Marot, tandis qu'une compagnie de gentilshommes armés protégeait leur marche, repoussant tous ceux qui voulaient leur fermer le chemin. Les magistrats se contentèrent de faire fermer les portes qui communiquaient du faubourg St.-Germain au reste de la ville. Quand le roi apprit ce mouvement, il ordonna des poursuites sévères ; mais la haute qualité de plusieurs des protestans compromis, fit que l'on n'y donna point de suite.

Le règne si court de François II, marqué par la conjuration d'Amboise, et par le supplice du conseiller au Parlement Dubourg, brûlé à Paris comme calviniste, le 12 décembre 1559, vit continuer avec les progrès de la nouvelle religion, les rixes qui s'élevaient souvent dans la capitale, comme dans plusieurs parties du royaume, entre les catholiques et les protestans. Sous Charles IX, en 1562, la guerre civile commença. Elle se fit d'abord avec des succès divers.

Le prince de Condé, qui commandait les calvinistes, s'approcha de Paris. Mais la capitale, outre une garnison de cinq à six mille hommes de troupes réglées, était défendue par plus de vingt mille bourgeois armés; de sorte que le prince de Condé était trop faible pour en former le siége. Il se contenta d'engager une escarmouche au faubourg St.-Marceau, de déployer son armée dans la plaine de Montrouge, sans que la tranquillité de Paris fût troublée. Ni les leçons de l'Université, ni les audiences du Parlement, ni les affaires commerciales, ne furent interrompues. Les calvinistes souffrant beaucoup de la disette et de la saison (c'était en hiver), furent obligés de se retirer; dans leur retraite ils se virent forcés de livrer la bataille de Dreux. La victoire, qui parut d'abord se déclarer pour eux, leur fut enlevée par le duc de Guise.

Pendant les années qui suivirent, jusqu'en 1570, la guerre civile continua presque sans relâche. Les batailles de St.-Denis, de Jarnac, de Montcontour, furent gagnées, comme celle de Dreux, par les catholiques. A celle de Jarnac périt le prince de Condé, à la place duquel le jeune prince de Béarn, depuis Henri IV, fut reconnu chef du parti protestant. En 1570 la paix fut signée, mais elle fut bientôt rompue par d'horribles événemens, qui eurent Paris pour théâtre principal.

Le prince de Béarn venait de se rendre

dans la capitale, où il épousa la princesse Marguerite, sœur du roi. Le jeune prince de Condé, l'amiral de Coligny, ame du parti protestant, les principaux seigneurs de ce parti, s'y trouvaient aussi. Le 22 août 1572, vers onze heures du soir, l'amiral revenait à pied du Louvre, à son logement rue de Bétisy. Par la fenêtre d'une maison, derrière un rideau, on lui tira un coup d'arquebuse, qui le blessa à la main et au côté. Sur-le-champ les gens de sa suite enfoncèrent la porte de cette maison; mais l'assassin, nommé Maurevel, s'était déjà échappé par une autre issue. Le roi, en apprenant cet événement, transporté d'une violente colère, promit vengeance à l'amiral, qu'il alla lui-même visiter.

Mais la reine mère, Catherine de Médicis, préparait secrètement un effroyable drame, de concert avec les Guise, le duc d'Anjou, frère du roi, le duc de Nevers, les maréchaux de Retz et de Tavannes, et quelques autres personnages. Catherine avait résolu l'extermination des protestans, ou du moins de leurs principaux chefs. Elle parvint à persuader au roi son fils, prince d'un caractère à la fois faible et impétueux, que Coligny et les protestans menaçaient sa couronne, peut-être sa vie. Elle le fit consentir à un massacre dont le jour fut fixé au 24 août, fête de St. Barthélemy. Jean Charron, prévôt des marchands, et Marcel, son prédécesseur, tous deux en possession de la confiance des Parisiens, furent appelés au Louvre, chez le roi. Malgré les hésitations qu'ils manifestèrent d'abord, en apprenant cet affreux complot, ils promirent de réunir à l'Hôtel-de-Ville les compagnies bourgeoises. On convint que le signal serait donné par l'horloge du Palais; qu'on mettrait des lumières aux fenêtres; que, pour se reconnaître, les exécuteurs du massacre porteraient une écharpe blanche au bras gauche, et une croix de la même couleur au chapeau. Il fut résolu seulement que l'on épargnerait le roi de Navarre (Henri de Béarn), les maréchaux de Montmorency et de Damville.

Dans la nuit du 23 au 24, le duc de Guise, fils du feu duc tué devant Orléans, se rendit, avec une troupe de gentilshommes et de soldats, à l'hôtel de l'amiral de Coligny. Les portes sont enfoncées; quelques soldats calvinistes, placés dans l'intérieur, périssent en se défendant. Un allemand, nommé Besme, domestique du duc de Guise, un italien, appelé Patrucci, plusieurs autres encore, montent à l'appartement de l'amiral, qui, entendant le bruit et les cris, avait jugé aussitôt qu'on en voulait à sa vie. Quand les assassins entrèrent dans sa chambre, il était debout derrière la porte, selon les uns, ou couché, ou à genoux contre son lit, ou assis dans un fauteuil, suivant les autres. Besme entre le premier, armé d'un épieu, qu'il enfonce dans la poitrine de l'amiral. Ses compagnons achèvent le meurtre, et le corps de Coligny est jeté aussitôt par la fenêtre. Tous les gentilshommes protestans qui se trouvaient dans l'hôtel de Coligny et dans les maisons environnantes, furent au même moment égorgés.

Pendant ce temps, le signal ayant été donné par l'horloge du Palais, les compagnies de bourgeois armés, et un grand nombre d'autres habitans, animés par la haine acharnée qui existait depuis long-temps entre les catholiques et les calvinistes, et par le bruit des projets criminels attribués aux protestans contre le roi, se répandent dans les rues, et poursuivent partout le massacre sans distinction de rang, d'âge, ni de sexe. Plusieurs profitent même de l'horrible confusion qui régnait, pour assouvir leurs vengeances particulières sur des catholiques comme eux, tandis que quelques personnes, même des seigneurs de la cour, qui n'avaient voulu que la mort des chefs, s'efforcent de sauver des protestans poursuivis. Le récit des arquebusades tirées par le roi lui-même, d'une fenêtre du Louvre, sur les fuyards qui traversaient la Seine pour gagner le faubourg Saint-Germain, paraît être d'une fausseté complète. Ces abominables scènes de carnage durèrent toute la journée du dimanche 24 ; dans la soirée, il fut enjoint, à son de trompe, de par le roi, que l'on s'abstînt de toute violence, sous peine de la vie. Le corps de l'amiral fut traîné dans les rues par la populace, puis pendu au gibet de Montfaucon; tous les autres cadavres furent jetés dans la rivière.

Les mêmes scènes de massacre se répétèrent dans plusieurs villes du royaume : en quelques endroits, les gouverneurs déployèrent, pour sauver les calvinistes, la plus louable fermeté, et résistèrent aux ordres même du roi. Le nombre des victimes a été évalué par les historiens d'une manière tellement diverse, qu'il serait très-difficile de connaître l'exacte vérité. Quelques-uns ont porté ce nombre jusqu'à cent mille, d'autres jusqu'à soixante-dix mille. Le martyrologe des protestans l'évalue à quinze mille, dont dix mille tués à Paris. Probablement, il faut rabattre encore de ce nombre, puisque le prévôt des marchands et les échevins, ayant fait retirer les cadavres de la rivière pour les enterrer, il ne s'en trouva que onze cents. En tous cas, les victimes de cette effroyable journée ne furent que trop nombreuses. Mais il convient de repousser formellement cette idée trop répandue, à savoir que la religion fut la principale cause de la Saint-Barthélemy, que des prêtres parcouraient les rues de Paris, encourageant les assassins. Les guerres religieuses étaient devenues des guerres principalement politiques, et c'est sur l'exécrable Catherine de Médicis, secondée par les haines envenimées du peuple, que doit retomber surtout l'horreur de cet affreux événement. Le surlendemain du massacre, le roi, toujours entrainé par sa mère, tint un lit de justice, où il déclara que tout avait été fait par ses ordres, et qu'il avait été amené à cet acte par les projets de rebellion que formait l'amiral : faible prétexte pour une atroce violation de toutes les lois divines et humaines. Le roi de Navarre et le prince de Condé furent forcés de renoncer au protestantisme pour sauver leur vie : abjuration forcée qui ne dura que le temps du péril.

La Saint-Barthélemy n'avait pas assez affaibli

les protestans pour les empêcher de reprendre les armes presque aussitôt après. Ce fut au milieu de ces désordres civils que mourut Charles IX, tourmenté par les remords du massacre auquel il avait consenti deux ans auparavant. Henri III son frère ne fit voir, une fois sur le trône, aucune des qualités brillantes qu'il avait montrées comme duc d'Anjou, dans ses campagnes contre les protestans. Il parvint à se faire un formidable ennemi du parti catholique, en voulant ménager les calvinistes, qu'il cherchait néanmoins à tromper. Une grande partie de la population de Paris, croyant l'Eglise en danger, forma une confédération, ayant pour but, au moins apparent, de la défendre, et qui fut appelée la *Sainte-Ligue*. Le premier moteur de la confédération parisienne, bientôt rebelle au roi, fut un bourgeois de la capitale, nommé La Rocheblond. Il en proposa le plan à plusieurs ecclésiastiques, entr'autres Jean Prevost, curé de Saint-Severin, et Jean Boucher, curé de Saint-Benoit, et à plusieurs particuliers, qui s'entendirent avec lui. Leur société s'accrut; seize d'entr'eux furent chargés de soutenir les intérêts de la ligue, dans les seize quartiers dont se composait Paris : d'où vint le nom des *Seize*, qu'on leur donna. On cite parmi eux Acarie, maître des comptes ; d'Orléans, Menager, Caumont, avocats ; les sieurs d'Effiat et de Manœuvre ; Jean Pelletier, curé de Saint-Jacques-la-Boucherie, Jean Guincestre, curé de Saint-Gervais ; Bussy le Clerc, Emonet la Chapelle, Crucé, procureurs ; le commissaire Louchard; Compan, marchand ; La Morlière, notaire ; etc.

Les progrès de cette ligue, qui prit pour chefs le duc de Guise et le duc de Mayenne son frère, furent extrêmement rapides. Le roi qui, par ses débauches, ses prodigalités et sa faiblesse, s'était attiré le mépris général, se trouva dans la situation la plus embarrassante. Comme il voulut essayer la force, et adresser aux Seize quelques menaces, ceux-ci engagèrent le duc de Guise à se rendre à Paris. Guise s'y rendit en effet le lundi 9 mai 1588 : il y entra par la porte Saint-Denis, accompagné seulement de quelques valets; mais à mesure qu'il avançait, la foule grossissait à ses côtés, et formait un immense cortége qui l'entourait de ses acclamations. Il arriva ainsi à l'hôtel de Soissons, situé vers l'endroit où est aujourd'hui la Halle au blé, et où demeurait la reine-mère, qui lui témoigna une grande surprise de le voir. Le duc déclara à Catherine qu'il ne venait à Paris que pour le service du roi; puis il alla avec elle au Louvre. Sur son passage, on le saluait des titres de *défenseur de la religion catholique* et de *sauveur de Paris*; on baisait ses mains et ses habits, on faisait pleuvoir des fleurs, tandis qu'il envoyait autour de lui des saluts et des signes de main. Arrivé au Louvre, Guise craignit un moment de se voir arrêté; il répondit aux paroles sévères du roi par des protestations nouvelles; puis il se retira, pour aller à son hôtel, situé dans le quartier Saint-Avoie, où le peuple l'accompagna par les mêmes acclamations qui l'avaient déjà suivi.

Les deux jours suivans, la cour et le parti du duc de Guise s'observèrent mutuellement. Les Seize travaillaient à tout événement l'esprit du peuple, et le roi donnait des ordres pour faire entrer dans Paris six mille soldats, dont quatre mille Suisses, cantonnés aux environs. Ces troupes arrivèrent le 12 mai au point du jour. Les Suisses furent partagés en trois corps, que l'on plaça aux Innocens, à la Grève et au Marché-Neuf. Les gardes françaises se rangèrent en bataille sur le pont Saint-Michel et le pont Notre-Dame. Crillon, leur commandant, voulait s'emparer aussi de la place Maubert, malgré le peuple armé, qui en était le maître ; mais le système de demi-mesure que suivait la cour ne lui permit pas d'attaquer. C'est à peine si l'on permettait aux soldats, ainsi compromis par faibles détachemens au milieu des rues, de se défendre contre les assaillans. Le peuple, voyant qu'on semblait reculer devant lui, en conçut plus de hardiesse.

L'émeute commença dans le quartier de l'Université, celui où les Seize comptaient le plus d'affidés. Au premier cri d'alarme, les bourgeois armés se rendirent aux corps de garde que les Seize leur avaient assignés : des rassemblemens nombreux se formèrent, dirigés dans leurs mouvemens par les officiers du duc de Guise. En un moment les rues se remplirent de barricades, que l'on poussa bientôt jusqu'au petit Châtelet, à la tête du Petit-Pont. Il en fut de même dans tous les quartiers de Paris, et chaque barricade était défendue par des hommes munis d'arquebuses. Avant midi, ces retranchemens improvisés arrivaient jusqu'à cinquante pas du Louvre, et les troupes royales se trouvaient enveloppées de toutes parts, et dans l'impossibilité de se frayer un chemin. La cour était consternée. La reine-mère, qui voulait se rendre à l'hôtel de Guise pour négocier avec le duc, ne put passer en carrosse ; les bourgeois qui gardaient les barricades, consentirent à ouvrir un chemin pour qu'elle les traversât en chaise à porteur ; et ils les refermèrent aussitôt après.

La tentative de Catherine de Médicis pour fléchir le duc de Guise n'ayant pas réussi, et cette princesse étant retournée au Louvre, l'ordre fut donné aux troupes de se replier sur ce palais, mais il n'était plus temps. Un coup d'arquebuse, tiré au Marché-Neuf, où étaient les Suisses, et venu très probablement du côté du peuple, car les soldats n'étaient pas en position d'attaquer, fut le signal de l'action. On commença aussitôt à faire pleuvoir des fenêtres, sur les Suisses, des pierres et des mousquetades. Entourés de tous côtés, ne pouvant résister à des attaques qui n'étaient pas même un combat, puisque les rebelles se tenaient cachés, les Suisses, malgré toute leur bravoure, furent obligés de céder. Après après avoir eu environ vingt morts et un plus grand nombre de blessés, ils demandèrent quartier, criant *bons catholiques*, faisant signe du chapeau, et montrant leurs chapelets. Alors, le comte de Brissac, un des amis du duc de Guise, fit cesser le feu. Les Suisses mirent bas les armes ; on les renferma dans les boucheries du Marché-Neuf, tandis que, dans les autres quartiers de la ville, les troupes du roi étaient pareillement obligées de se rendre.

M. de Guise alors sortit de son hôtel, et allant de barricade en barricade, il se montra au peuple, l'empêcha de maltraiter les troupes royales, auxquelles leurs armes furent rendues par son ordre, avec liberté de se retirer au Louvre. Durant la nuit suivante, les plus exaltés des ligueurs, les Seize surtout, agitèrent la détermination de s'emparer de la personne du roi. Quand vint le jour, la reine se rendit de nouveau à l'hôtel de Guise afin de négocier. Le duc proposa des conditions tellement exorbitantes, qu'elles l'eussent rendu maître du royaume, s'il les avait obtenues. Pendant cette conférence, que la reine fit durer exprès fort long-temps, on vint avertir le duc que Henri III avait quitté Paris. Il en parut consterné; la conférence fut rompue, et la reine regagna le Louvre, d'où le roi était effectivement parti, escorté par les gardes françaises et suisses. Ayant reçu des avis qui le prévenaient des desseins des Seize, il se rendit d'abord aux Tuileries sous prétexte de s'y promener; des chevaux l'y attendaient, et il s'éloigna rapidement. Des bourgeois placés de l'autre côté de la rivière, ayant aperçu ce mouvement, tirèrent sur le roi et sur sa suite. Arrivé à quelque distance, le roi, dit-on, se retourna vers Paris, et regardant cette ville avec colère, jura qu'il n'y rentrerait que par la brèche, comme un vainqueur.

Aussitôt après le départ du roi, Guise, demeuré maître de la capitale, fit ôter les chaînes et les barricades, effaça partout les traces de la confusion et du désordre, tellement que le lendemain l'on ne s'en apercevait pas. De plus, il remplaça tous les magistrats suspects à la ligue par des hommes dévoués à cette faction.

De son côté, le roi, à peine sorti de Paris, publia un manifeste par lequel il dénonçait à la France les habitans de cette ville comme des séditieux et le duc de Guise comme un rebelle. Néanmoins, une apparence de réconciliation eut lieu entre le roi et le duc, qui se rendit avec le cardinal de Guise, son frère, aux Etats de Blois convoqués dans le mois d'octobre suivant. Les craintes que l'on inspira au roi sur leurs projets, décidèrent ce prince à un double assassinat : les Guise furent égorgés par ses gardes.

Cet événement transporta les Parisiens d'une indignation et d'une fureur qui ne connurent plus de bornes. Les prédicateurs de la ligue firent retentir les églises des prédications les plus furibondes contre le roi. Les villes les plus importantes du royaume, comme Rouen, Marseille, Bourges, Nantes, Rennes, Poitiers, etc., accédèrent à la ligue. Henri III n'eut alors d'autre ressource que de se jeter entre les bras du roi de Navarre. Il réunit ce qui lui restait de forces à celles de ce prince, et tous les deux marchèrent ensemble vers Paris pour en faire le siége. Chemin faisant, ils battirent les Parisiens près de Senlis, et reçurent un renfort de troupes suisses et allemandes ; enfin ils arrivèrent devant la capitale avec trente mille hommes, et établirent leur quartier à Saint-Cloud. Le duc de Mayenne, frère des Guise, commandait dans la ville : il fit d'actives dispositions de défense, traça des lignes, établit des bastions nouveaux. Mais il n'avait sous ses ordres que des soldats inexpérimentés. Selon toute apparence, Paris aurait succombé bientôt, sans un événement imprévu qui changea la face des affaires.

Les prédicateurs fanatiques qui proclamaient hautement la doctrine du *tyrannicide*, c'est-à-dire, la légitimité du meurtre d'un roi qualifié de tyran, avaient exalté l'esprit d'un jeune religieux dominicain, nommé Jacques Clément. Ce fanatique conçut le dessein de tuer le roi : encouragé par son prieur, Edme Bourgoin, à qui il s'en ouvrit, et par de prétendues voix célestes qu'on lui fit entendre, il se prépara à l'exécution de cet abominable crime. Le duc de Mayenne et les Seize, instruits de son projet, ne le désapprouvèrent pas. On remit à Jacques Clément une lettre pour le roi, écrite par un royaliste, prisonnier des ligueurs, auquel on persuada qu'il s'agissait d'un service à rendre au monarque. Muni de cette lettre, Jacques Clément sortit de Paris le 31 juillet 1589. Arrêté à Vaugirard par des soldats du roi de Navarre, puis relâché par ce prince, à cause de sa qualité de religieux, il arriva le soir à Saint-Cloud. Sur le vu de la lettre dont il était porteur, on lui accorda le lendemain matin, à huit heures, la permission d'arriver jusqu'au roi. Henri prit la lettre que lui présentait Clément, et tandis qu'il la lisait, ce misérable tira de sa manche un couteau qu'il lui plongea dans le ventre. Le roi poussa un grand cri, arracha lui-même le couteau de la plaie, et en frappa le visage du meurtrier. Quelques gardes étant accourus, percèrent de coups Jacques Clément, et le jetèrent par la fenêtre.

La blessure du roi fut reconnue presqu'aussitôt comme mortelle; il expira en effet le lendemain matin 2 août, en exhortant ceux qui l'entouraient à reconnaître le roi de Navarre pour leur légitime souverain.

L'assassinat d'Henri III fut célébré à Paris par des réjouissances extraordinaires ; les ligueurs avaient rejeté toute honte : un régicide infâme fut considéré comme un acte d'héroïsme, et son auteur comme un martyr. Son image fut placée sur l'autel dans toutes les églises : effroyables égaremens dont la vraie religion ne fut jamais complice. Le roi de Navarre, devenu roi de France sous le nom de Henri IV, voyant son armée s'éclaircir par l'éloignement d'un grand nombre de seigneurs qui, armés pour Henri III, refusaient de combattre sous les ordres d'un prince non catholique, il fallut que le roi s'éloignât de Paris. Mais après le combat d'Arques, où il battit si glorieusement Mayenne qui avait des forces quadruples des siennes, il se hâta de revenir. Le 1er novembre 1589, il attaqua et enleva tous les faubourgs méridionaux ; peu s'en fallut qu'il n'entrât à la suite des fuyards dans la ville même, dont on eut à peine le temps de refermer et de barricader les portes. N'ayant pas le moyen de payer ses troupes, Henri fut obligé de leur permettre le pillage des faubourgs conquis. Mais il donna des ordres sévères pour qu'on épargnât les monastères et les églises, où l'on célébra les offices comme à l'ordinaire. Pendant ce temps, le roi, du haut du clocher de Saint-Germain-des-Prés, examinait ce qui se passait dans Paris, où régnaient les plus vives alarmes.

Le duc de Mayenne étant arrivé avec des forces considérables, il fallut, toutefois, qu'au bout de quatre jours, le roi s'éloignât encore. Aux efforts des ligueurs qui s'étaient alliés avec l'Espagne et qui avaient proclamé roi, sous le nom de Charles X, le vieux cardinal de Bourbon, oncle du *Béarnais*, comme les factieux appelaient le roi, ce prince opposa des prodiges de courage et d'activité. Mayenne ayant marché contre lui pour lui faire lever le siége de Dreux, le roi court à sa rencontre, le rejoint à Ivry, le bat complètement, se rend maître de tout le cours de la Seine depuis Paris jusqu'à Rouen, puis de Corbeil et de Lagny dont la position lui livre le haut de la rivière. Mayenne demanda en toute hâte des secours à l'Espagne; pour inspirer plus de sécurité aux Parisiens, il affecta de laisser parmi eux sa sœur, sa femme et ses enfans. Son frère, le duc de Nemours, commandait dans Paris, qui fut bientôt bloqué de nouveau par le roi. M. de Nemours confia aux Seize la garde des portes, et fit tendre en travers de la Seine une chaine qui tenait d'un côté à la Tournelle, de l'autre aux Célestins. Bussy le Clerc était gouverneur de la Bastille.

Henri IV, n'ayant pas une armée assez nombreuse pour prendre Paris par force, avait résolu de le réduire par la famine, la ville n'étant pas approvisionnée pour long-temps. On distribua le peu de vivres qui s'y trouvaient, de telle manière que les principaux ligueurs fussent le mieux pourvus, pour qu'ils soutinssent le courage des autres habitans. Nemours et les Seize ordonnèrent de nombreuses patrouilles, et exercèrent une active surveillance sur toutes les personnes soupçonnées de royalisme. Sur ces entrefaites, le prétendu roi Charles X mourut; mais cette mort qui semblait ôter tout prétexte à la rebellion, n'exerça aucune influence sur les révoltés. La Sorbonne déclara Henri IV *hérétique, relaps, fauteur d'hérésie,* et incapable de succéder au trône, même en cas d'absolution. Ce décret de la Sorbonne fut envoyé dans toutes les villes qui avaient accédé à la Ligue. Il exalta le peuple de Paris, dont on résolut de frapper l'esprit encore plus vivement par une imposante cérémonie. L'on ordonna une procession générale. Elle se rendit, après avoir parcouru la ville, à l'église des Petits-Augustins, où le légat du Pape, revêtu de ses habits pontificaux, reçut le serment de tous les princes, gentilshommes, prélats, magistrats, qui jurèrent de verser pour la ligue jusqu'à la dernière goutte de leur sang. Le peuple prêta ensuite le même serment entre les mains des chefs de quartiers.

A la suite de cette cérémonie, il s'en fit une autre bien plus étrange, et qui porte tout-à-fait l'empreinte de l'époque. Un grand nombre de prêtres et de moines (environ treize cents), parmi lesquels des capucins, des feuillans, des chartreux, avaient résolu de prendre les armes pour le service du parti, et de former une espèce de régiment. Ayant à leur tête Roze, évêque de Senlis, et Hamilton, curé de Saint-Côme, qui remplissaient les fonctions de sergens, portant une armure par dessus leur froc, le casque en tête, l'épée ou la hallebarde en main, ils firent une promenade dans Paris, au milieu d'une foule innombrable. En même temps le Parlement défendait, sous peine de mort, de parler de composition avec Henri IV.

Ce prince avait brûlé les moulins, coupé tous les passages, de sorte que la disette ne tarda pas à se faire sentir dans la ville, étroitement investie. Les vivres découverts dans les maisons où les magistrats ordonnèrent des fouilles, les offrandes de l'ambassadeur d'Espagne, du légat, des seigneurs et princes de la ligue, l'or et l'argenterie des églises employés aux besoins publics, fournirent quelques ressources. Un fanatisme opiniâtre soutenait d'ailleurs la population égarée, qui ne reculait devant aucun sacrifice, et faisait plus pour la cause de la rebellion qu'elle n'avait jamais fait pour ses princes légitimes. Le blocus durait déjà depuis trois mois; et le roi lui-même, par un excès de bonté, avait contribué à prolonger la défense de Paris, en laissant passer à travers ses lignes une foule de vieillards, de femmes, d'enfans, que le duc de Nemours avait mis dehors, comme bouches inutiles; Henri fermait même les yeux sur le trafic que faisaient des soldats et des officiers de son armée, qui vendaient aux assiégés des vivres en échange d'argent, de meubles et d'effets précieux. Plus d'une fois on vit la pointe des lances et des hallebardes, ces instrumens de mort, porter du pain aux Parisiens qui garnissaient les remparts. Pour hâter les événemens, le roi, cependant, fit donner, le 27 juillet 1590, un assaut général aux faubourgs, qui furent tous emportés l'épée à la main, et dans lesquels aussitôt les assiégeans se logèrent.

La place étant resserrée alors plus étroitement, la famine devint effroyable. Dès le mois de juin, on avait commencé à faire du pain de son et d'avoine, que recherchaient même les gens riches; on distribuait aussi au peuple des bouillies de différentes farines. Ces ressources manquant, on en vint à manger les chevaux, les ânes, les chats, les rats et les souris. Les plus misérables amollissaient, dans l'eau bouillante de vieux cuirs, pour en assouvir leur faim, ou cueillaient pour le même usage, l'herbe qui croissait dans les rues les moins fréquentées. On assure que quelques-uns, dans le désespoir de la faim, firent moudre des os humains, afin d'en fabriquer du pain, et qu'une mère égorgea son enfant pour le dévorer. A ces épouvantables extrémités, vinrent se joindre les maladies. On ne rencontrait dans les rues que des visages pâles et livides, errant comme des spectres, ou des malheureux expirans de faim sur le pavé. Treize mille personnes moururent ainsi, sans que la constance des autres eût encore paru ébranlée.

Pour soutenir le courage du peuple les chefs partageaient toutes ses misères; les prédicateurs lui adressaient des exhortations entrainantes ; si quelqu'un murmurait, il était sévèrement puni. Toutefois, à la fin, des conspirations se tramèrent pour livrer la ville au Roi. On les découvrit; mais il pouvait s'en tramer d'autres, et dans la situation où la ville était réduite, les chefs, entendant à leur porte des rassemblemens qui demandaient à grands cris du pain et la paix, résolurent, malgré leurs sermens et les décisions de la Sorbonne, d'entrer en négociation avec le Roi.

Le Cardinal de Gondi, évêque de Paris, et l'archevêque de Lyon furent, en conséquence, députés vers Henri, qui les reçut au faubourg Saint-Antoine. Le Roi les accueillit assez froidement, et sur la demande que lui firent les deux envoyés de changer de religion afin que la ville se rendît à lui, il leur répondit qu'il n'appartenait pas à des sujets de dicter des lois à leur souverain : que pour mériter leur pardon, les Parisiens n'avaient d'autre parti à prendre que de se soumettre sur-le-champ, sans conditions. Les deux prélats rapportèrent aux Parisiens cette réponse, qui, loin de les abattre, les détermina à se défendre jusqu'à la dernière extrémité, d'autant qu'ils savaient qu'une armée espagnole venait à leur secours.

Cette armée, c'était Mayenne qui l'avait obtenue de Philippe II, roi d'Espagne, dont les prétentions ambitieuses sur la France, prenaient à peine le soin de se cacher. Elle était forte de douze mille hommes d'infanterie, de trois mille chevaux, et commandée par le duc de Parme, que l'on regardait comme le plus habile général de son temps. Cette armée arriva le 22 août à Meaux, où le duc de Mayenne se joignit à elle avec dix mille hommes, débris des troupes vaincues à Ivry. Aussitôt après, les deux généraux unis se présentèrent devant Paris pour le débloquer. Henri, obligé tout à la fois de se maintenir dans ses lignes, et de se tenir en garde contre l'armée des Espagnols et des Ligueurs, se trouva dans un grand embarras. Il essaya d'engager une action que le duc de Parme ne voulut pas accepter. Pendant ce temps, une partie de l'armée espagnole alla assiéger Lagny, petite ville sur la Marne, au-dessus de laquelle les Ligueurs avaient rassemblé un grand nombre de bateaux de vivres destinés pour Paris. Assailli avec acharnement, Lagny fut emporté ; les bateaux d'approvisionnement profitèrent du passage, et ramenèrent aussitôt l'abondance dans la Capitale.

Le Roi se trouvait avoir perdu tout espoir de réduire Paris en ce moment. Il fallut songer à lever le siége. Toutefois Henri voulut tenter une surprise comme dernier effort. Cette entreprise fut confiée au comte de Châtillon, à la tête d'un corps d'infanterie, que le Roi en personne suivait de près. Le 9 septembre à onze heures du soir, Châtillon arrive dans le faubourg Saint-Jacques qui était presque abandonné par ses habitans. Les troupes royales marchent dans le plus grand silence, elles s'approchent d'un endroit des remparts qui avoisinait l'église de Sainte-Geneviève. Des Jésuites, dont le collége était tout près de là, gardaient cet endroit avec quelques bourgeois. Se glissant lentement avec de grandes précautions, les soldats du roi arrivent vers les quatre heures du matin au bord du fossé : quelques-uns y descendent, gagnent, sans être vus, le pied de la muraille, contre laquelle ils plantent des échelles. Ils se mettent à monter : un libraire nommé Jean Nivelle, un avocat Anglais de naissance appelé Guillaume Balden, et un jésuite, étaient là en faction. Les royalistes renversent la première échelle avec les hommes qu'elle portait, donnent l'alarme aux corps-de-garde voisins. Les Ligueurs accourent en foule; et Châtillon est forcé de se retirer.

Le roi prit alors le parti de s'éloigner de Paris. Le siége de cette ville une fois levé, le duc de Parme avait repris le chemin des Pays-Bas; mais il n'y arriva que vivement harcelé par les troupes royales.

Au mois de janvier de l'année suivante, les Parisiens ayant attaqué Saint-Denis, occupé par les troupes du roi, essuyèrent un échec, et perdirent là le chevalier d'Aumale qui les commandait; vers le même temps, une nouvelle tentative fut faite pour enlever Paris à la faveur d'une surprise. Soixante officiers déguisés en paysans, et menant avec eux des charrettes, des chevaux, des ânes chargés de farine, se présentèrent à la porte Saint-Honoré, demandant à entrer dans la ville. Leur dessein était d'embarrasser la porte avec leur attirail, de manière qu'on ne pût ni la fermer, ni lever le pont levis; puis de tenir ferme jusqu'à l'arrivée d'un détachement embusqué près de là. Mais on eut quelque soupçon; l'on refusa de les recevoir, et l'entreprise manqua. Les Parisiens appelèrent cette journée la *journée aux farines*, et il fut ordonné qu'on en célébrerait l'anniversaire par des réjouissances. Mayenne profita du danger que la ville avait couru, pour y introduire une forte garnison espagnole.

Les Seize se firent bientôt un appui de ces étrangers pour commettre les plus horribles violences. Ils s'étaient institués les tyrans de Paris, proscrivant à leur gré, sous prétexte d'intelligences avec le roi, quiconque leur portait ombrage. Ce fut ainsi qu'ils assassinèrent le président Brisson, Claude Larcher, conseiller au parlement, et Jean Tardif, conseiller au Châtelet, pendus tous trois dans un cachot où on les avait traînés. Ces atrocités engagèrent tous les honnêtes gens à se séparer des Seize; beaucoup se rapprochèrent du parti royaliste, par horreur pour eux; la populace même n'approuva pas l'atroce exécution des trois magistrats. Apprenant ce qui se passe, Mayenne, qui tenait la campagne, revient à Paris avec des troupes; il convoque une assemblée à l'Hôtel-de-Ville, où les Seize essaient vainement de se justifier; la nuit suivante, quatre d'entre eux, Anroux, Emmonot, Louchard et Ameline sont saisis, conduits au Louvre, et pendus à l'instant. Deux autres, Cochery et Cromé, parviennent à s'évader. Bussy Leclerc, qui avait le gouvernement de la Bastille, obtient d'en sortir, quitte la France et se réfugie à Bruxelles, où il fut obligé, pour vivre, de se faire prévôt de salle d'armes.

Le reste de cette année 1591, ainsi que l'année suivante, et le commencement de 1593 se passèrent en combats qui se livraient sur presque tous les points du royaume, et qui la plupart étaient à l'avantage de Henri IV ou de ses généraux. Le dimanche 25 juillet 1593, le Roi, qui s'était fait instruire dans la religion catholique, abjura solennellement à Saint-Denis. Cet événement fut un coup mortel pour la Ligue, en ce que tous les catholiques qui jusqu'alors n'y avaient persisté que par esprit religieux, se séparèrent d'elle. Une assemblée générale des états fut convoquée à Paris par le duc de Mayenne : là l'ambassadeur d'Espagne essaya de faire valoir les chimériques prétentions de son maître sur la couronne de France : mais la grande majorité de l'assemblée les repoussa. Rien de décisif ne fut fait dans cette réunion; et pendant ce temps le parti légitime acquérait tous les jours de nouvelles forces. Des conférences eurent lieu entre des députés de la Ligue, et des députés royalistes pour traiter de la soumission de la capitale. Ces conférences furent sans résultat, mais plusieurs magistrats, tels que le président Lemaitre, le procureur-général Molé, le prévôt des marchands Luillier, les échevins Langlois et Neret, n'en étaient pas moins d'intelligence avec le Roi. Le comte de Brissac, gouverneur de Paris, le même qui avait joué un rôle dans la journée des Barricades, avait fait entrer ces magistrats dans son projet d'ouvrir à Henri les portes de la ville. Toutes les mesures nécessaires pour ce grand coup furent arrêtées, et l'on fixa au 22 mars 1594, le jour de l'exécution.

Afin d'éloigner les soupçons, le Roi, qui depuis quelque temps était à Saint-Denis interceptant les passages, s'éloigna, se retira vers Senlis, puis revint, et réunissant toutes ses troupes dans la vallée de Montmorency, répandit exprès le bruit qu'il allait marcher à la rencontre des Espagnols. Mayenne n'était pas alors dans Paris. Le soir du 21 mars, Brissac en fait sortir un régiment étranger, sous prétexte de l'envoyer à la rencontre d'un convoi destiné pour le Roi, mais en réalité pour affaiblir d'autant la garnison espagnole. Les magistrats fidèles font avertir les bourgeois du parti royaliste de se tenir prêts à occuper différens postes, où ils placent aussi des soldats de l'armée royale, entrés peu à peu dans Paris, les uns comme déserteurs, les autres sous des déguisemens. Langlois et Neret placent particulièrement leurs affidés à la porte Neuve et à la porte Saint-Denis, par où l'entrée des troupes du Roi devait se faire, ainsi qu'aux portes Saint-Honoré et Saint-Martin : d'autres, accompagnés de bateliers, se placèrent près des Célestins, afin, s'il le fallait, de baisser la chaîne qui fermait la rivière.

Le comte de Féria, commandant de la garnison espagnole, avait bien reçu quelques avis sur un mouvement royaliste qui se préparait : mais ces avis n'étaient pas assez précis pour le mettre sur la voie, et lui donner les moyens d'empêcher l'entreprise. Le général espagnol ne se croyait pas parfaitement sûr de Brissac; celui-ci, instruit de ses inquiétudes, alla le trouver, et, pour lui donner de la sécurité, lui offrit de faire ensemble une ronde sur les remparts. Féria y consentit : ils partirent à minuit, accompagnés de plusieurs officiers espagnols chargés de poignarder Brissac, au premier bruit qui se ferait entendre au dehors. C'était à quatre heures du matin, seulement, que les troupes royales devaient se présenter; en sorte que Féria et les siens ne découvrant rien de suspect, rentrèrent chez eux tout-à-fait rassurés, après deux heures de ronde.

A trois heures, les bourgeois royalistes étaient à leurs postes, et quatre heures sonnant, Langlois, sortant par la porte Saint-Denis, alla au devant des troupes du Roi commandées par M. de Vitry : cette porte leur est livrée, ainsi que la porte Neuve. Elles entrent dans la ville, tandis que le Roi, de sa personne, s'avance jusqu'aux Tuileries qui étaient encore en dehors de Paris. Un détachement se porte vers Saint-Germain-l'Auxerrois. Il y trouve un corps-de-garde occupé par des Lansquenets qui veulent se mettre en défense ; ils sont enveloppés et taillés en pièces en un moment. On s'empare sans résistance du Palais, des deux Châtelets, des ponts. Alors le Roi entre avec le reste de son armée et de sa noblesse. Il est reçu par les magistrats et par le duc de Brissac qu'il embrasse et qu'il nomme maréchal de France.

Le comte de Féria n'avait été instruit du mouvement, que lorsqu'il n'était plus temps de l'arrêter. Il s'était retranché avec ses Espagnols dans le Temple. On le somma de se rendre, en lui offrant une capitulation honorable: il l'accepta, et le jour même la garnison étrangère sortant de Paris défila devant le Roi, qui, salué par les chefs, leur rendit leur politesse, en leur disant gaîment : « Messieurs, recommandez-moi à votre maître, mais n'y revenez plus. »

Cinq jours après, la Bastille et Vincennes se rendirent aussi. Henri pardonna à tout le monde. La sécurité, l'allégresse régnèrent dans Paris, comme au temps où Charles VII l'avait délivré du joug d'autres étrangers et d'autres factieux, et cet heureux rétablissement du pouvoir royal ne coûta pas une goutte de sang français.

Aux troubles si longs et si affreux des guerres de religion, succéda pour Paris une période de cinquante-quatre ans de paix durant le reste du règne d'Henri IV, celui de Louis XIII et le commencement du règne de Louis XIV. Ce prince était monté sur le trône à l'âge de cinq ans, en 1643. Le gouvernement, pendant sa minorité, fut remis aux mains de la Reine-Mère Anne d'Autriche, et du cardinal italien Mazarin ; et rien d'abord ne contraria leur administration. Mais de sourds fermens de discorde couvaient dans le royaume. Les grands seigneurs abattus, sous le règne de Louis XIII, par la main de fer du cardinal de

Richelieu, aspiraient à reconquérir leur puissance à la faveur de la minorité du jeune Roi. Le parlement de Paris, de son côté, avait des velléités d'indépendance. Le cardinal Mazarin, que sa qualité d'étranger mettait déjà en défaveur auprès du peuple, accroissait encore cette disposition par des défauts réels, comme une avarice excessive, par des abus de pouvoir imprudens, et l'établissement d'impôts immodérés.

Tous ces germes de trouble éclatèrent à Paris en 1648, à l'occasion de douze charges de maîtres des requêtes, créées par un édit bursal du cardinal Mazarin, édit que le parlement refusa d'enregistrer, comme abusif et entaché d'illégalité. Parmi les membres de la compagnie qui avaient résisté avec le plus d'opiniâtreté se trouvaient Broussel et Potier de Blancmesnil. Le 26 août, tandis que la foule se pressait au *Te Deum* chanté à Notre-Dame à l'occasion de la victoire de Lens, remportée par le prince de Condé sur les Espagnols, le cardinal fit arrêter ces deux magistrats. Blancmesnil fut conduit à Vincennes, et Broussel à St-Germain. Le dernier, surtout, était fort connu et fort aimé du peuple : aussi la nouvelle de son arrestation, répandue en un moment, excita-t-elle une véritable exaspération. De toutes parts, on crie *aux armes*; les boutiques se ferment; le peuple attroupé demande la mise en liberté de Broussel. Paul de Gondi, coadjuteur de l'archevêque de Paris (il n'y avait pas long-temps que Paris était devenu un siége archi-épiscopal) se rend au Palais-Royal où résidait la Reine, pour lui porter les réclamations du peuple. Ce personnage si spirituel, si turbulent, encore plus avide de renommée que de pouvoir, se mêlait avec plaisir à ces troubles, élémens offerts à son activité inquiète. La Reine qui exige, avant de céder, que les rassemblemens se dissipent, charge Gondi lui-même d'aller porter sa réponse à la foule. Il se dirige vers les Quinze-Vingts, situés alors dans la rue St.-Honoré, accompagné du maréchal de la Meilleraye qui conduisait un détachement de chevau-légers de la garde. Ce maréchal criait *vive le Roi, vive Broussel!* mais en même temps, il agitait son épée. La foule entend mal ses cris, et prend ses gestes pour un signal d'hostilités. Elle crie *aux armes!* Une grêle de pierres tombe sur le maréchal et sur sa suite. M. de la Meilleraye, forcé de se défendre, tire un coup de pistolet qui blesse mortellement un crocheteur. Alors la populace entre en fureur. La sédition se propage dans tous les quartiers. Le maréchal peut à peine se défendre contre les bandes de révoltés qui l'ont assailli dans la rue St.-Honoré, près de celle de l'Arbré-Sec. Le coadjuteur, porté par la foule jusqu'à cet endroit, parvient à faire cesser le feu : mais dans ce moment une autre bande de séditieux sortant de la rue des Prouvaires, fait sur les chevau-légers une vive décharge. Gondi lui-même est atteint et renversé d'un coup de pierre. Il va périr, quand par bonheur il est reconnu. On le relève, on le porte en triomphe. Il parvient à entraîner la foule à sa suite vers les halles, et M. de la Meilleraye, enfin dégagé, parvient à se retirer vers le Palais-Royal.

Une nouvelle tentative faite dans cette journée auprès de la Reine par le coadjuteur, ne reçut pas de cette princesse un accueil plus favorable que la première. Néanmoins, montant sur l'impériale de sa voiture, du haut de cette tribune improvisée, il harangua la populace dans un sens pacifique, et parvint à dissiper les rassemblemens ; d'autant que l'heure de souper approchait, et que les Parisiens, comme le dit Gondi lui-même dans ses Mémoires, n'aiment pas à se *désheurer*. Cela n'empêcha pas beaucoup de bourgeois de rester en armes devant leurs maisons : des corps-de-garde furent organisés par eux en différens endroits, entre autres à la barrière des Sergens, tout près du Palais-Royal. La nuit se passa, du côté de la cour, en conseils où le parti d'employer la force fut adopté. Il fut résolu de faire une tentative avec la maison du Roi et quelques troupes que l'on appela des environs. Gondi, instruit de ces dispositions, prit les siennes en conséquence. Cessant de contenir la sédition, il l'enflamme de tout son pouvoir. Il se concerte avec plusieurs colonels de la milice bourgeoise, qui lui étaient dévoués : il poste les bourgeois dans les endroits les plus avantageux, et fait commencer les barricades.

La cour ignorait ces préparatifs. A six heures du matin, le chancelier Seguier sort en carrosse de sa maison pour se rendre au Palais où il devait casser les actes du parlement, ou même, suivant quelques auteurs, prononcer son interdiction complète. Sur le quai de la Mégisserie, les chaînes déjà tendues arrêtent sa voiture : on le reconnaît: les cris *à mort* se font entendre ; il se sauve, suivi de près, vers le quai des Augustins, accompagné de la duchesse de Sully sa fille, et de son frère l'évêque de Meaux; il n'a que le temps de se jeter avec eux dans l'hôtel du duc de Luynes. La populace y pénètre après lui, le cherche partout avec des cris de rage. Réfugié avec son frère l'évêque dans un petit cabinet, il se confessait au prélat, n'attendant plus que la mort. Les assassins frappent plusieurs coups contre la cloison de ce cabinet : ils n'entendent aucun bruit et s'en vont visiter le reste de l'hôtel. Pendant ce temps, le maréchal de la Meilleraye arrive avec un détachement de cavalerie, dégage l'hôtel et ses abords, fait monter en voiture le chancelier avec son frère et sa sœur, et les conduit au Palais-Royal, au milieu d'une grêle de pierres et de mousquetades, qui blessent légèrement la duchesse de Sully, et tuent un exempt de police et quelques soldats.

Alors la sédition redouble, bien plus violente encore que la veille. Le peuple des faubourgs accourt vers la Cité, centre de l'émeute. En deux heures, treize cents barricades coupent les rues dans tous les quartiers. On s'empare des dépôts d'armes. Aux plus épouvantables imprécations contre Mazarin, se mêlent les cris de *vive Broussel! vive le coadjuteur!* Le parlement, voyant l'excès du désordre, prend la résolution d'aller en corps au Palais-Royal demander la liberté des prisonniers. Revêtu de ses robes rouges, il se met en marche rangé en longue file ; Mathieu Molé, premier président, s'avance en tête. Devant ces magistrats, les factieux ouvrent les barricades : ils les accompagnent de leurs acclamations jusqu'au Palais-Royal. Le parlement se voit repoussé par la Reine. Introduit auprès de Mazarin, il insiste vivement pour la mise en liberté de Broussel et Blancmesnil. Il supplie au nom de la tranquillité publique, si déplorablement compromise. Mazarin promet d'accéder à cette demande, à condition que le parlement, se renfermant dans ses attributions judiciaires, cessera de s'occuper d'affaires politiques. Le parlement répond qu'il en délibérera, et se remet en route pour retourner au Palais.

Le peuple, qui croyait Broussel enfermé au Palais-Royal, et qui s'attendait à le voir revenir avec le parlement, ne l'apercevant pas dans les rangs de la compagnie, tourne sa colère contre les magistrats, qu'il accuse de connivence avec la cour. Les murmures d'abord à moitié contenus, augmentent de barricade en barricade, et à la Croix du Trahoir, près de la rue de l'Arbre-Sec, ils se changent en voies de fait. Les factieux portent la main sur les magistrats, leur ferment le passage; en les accablant d'injures, ils leur enjoignent de retourner au Palais-Royal et d'en ramener Broussel. Le Parlement demeure calme, inébranlable. Ce sang froid imposa aux séditieux, qui cessèrent leurs violences, mais Molé et ses collègues durent retourner au Palais-Royal. Dans cette entrevue, la Reine-Mère, vivement pressée par le duc d'Orléans, oncle du Roi, par plusieurs seigneurs et dames de la cour, et par Mazarin lui-même, cède enfin aux circonstances. Les carrosses du Roi et de la Reine sont préparés pour aller chercher Broussel et Blancmesnil. Le parlement sort du Palais-Royal, précédé de ces carrosses qui annoncent sa victoire, et revient au Palais, escorté des acclamations de ce même peuple qui, tout à l'heure, était prêt à le traiter en ennemi.

Le peuple ne quitta néanmoins ses armes que le lendemain, quand Broussel fut revenu. Ce magistrat arriva à Paris à dix heures du matin, au milieu de transports de joie frénétiques, qui le suivirent jusqu'à Notre-Dame, où il alla faire sa prière d'actions de grâces, et jusqu'à sa maison située dans la petite rue Saint-Landry, en la Cité. Broussel ne concevait pas comment il se trouvait tout-à-coup, ainsi que Blancmesnil, qu'on avait relâché en même temps, un si important personnage.

Les barricades furent défaites, les traces du désordre s'effacèrent, et il n'en resta qu'une fermentation dans les esprits, qui obligea la cour à éloigner ses troupes, pour ne pas donner ombrage aux Parisiens.

Ainsi se passa cette journée des barricades de 1648, où, comme à celles de 1588, la victoire la plus complète demeura à l'insurrection : cette fois ce fut Gondi qui remplaça Guise.

La tranquillité rétablie en apparence ne fut pas de longue durée. Les efforts de la Reine et de Mazarin pour reprendre leur autorité affaiblie, ceux de Gondi et de ses partisans pour conserver leur avantage, ne tardèrent pas à renouveler les troubles. Les mécontens, désignés sous le nom de *Frondeurs*, demandaient vivement le renvoi du cardinal-ministre. Déjà, depuis quelque temps, la Reine ne pouvait sortir sans entendre des chansons injurieuses retentir à ses oreilles. On méconnaissait ouvertement son autorité. Elle résolut de quitter Paris, et de n'y rentrer que lorsqu'elle pourrait châtier cette ville rebelle. Sûre de l'appui du prince de Condé, à qui ses victoires sur les ennemis de l'état avaient donné une grande influence, elle sortit de la capitale, emmenant le roi, et se retira à Saint-Germain.

Le peuple fut d'abord consterné de ce départ et de la scission ouverte qu'il annonçait. Mais Gondi releva bientôt les esprits. Secondé par le duc de Beaufort, petit-fils illégitime de Henri IV, à qui sa familiarité avec la populace avait fait donner le surnom de *Roi des halles*, il prit toutes les mesures nécessaires pour la résistance, après des tentatives infructueuses de négociation avec la cour. Le Parlement avait rendu, le 27 octobre 1648, un arrêt qui déclarait Mazarin « ennemi du Roi et de l'état, perturbateur du repos public, lui enjoignant de quitter le royaume sous huit jours, sous peine de se voir courir sus par chacun. » Cet arrêt fut le signal de cette guerre de la *Fronde*, empreinte d'un si étrange caractère. Gondi et ses amis obtinrent des subsides, levèrent des soldats. En deux jours Paris fournit douze mille hommes : on confisqua et l'on vendit les biens de Mazarin, pour subvenir aux frais de la guerre.

La cour ne pouvait disposer en ce moment que de huit à neuf mille hommes, vieux soldats, il est vrai, ayant tous combattu à Rocroy, à Nordlingue, à Lens, avec Condé. Ce prince, ne pouvant, avec une si petite armée, bloquer une ville de cinq cent mille ames, se contenta d'occuper Sèvres, Saint-Cloud et Saint-Denis, et de faire des courses dans tous les environs de Paris, pour intercepter les communications et les approvisionnemens : dans les premiers jours de février, il attaqua et prit de vive force Charenton, où se livra le seul véritable combat de cette bizarre guerre de 1649. Quant aux chefs de la Fronde, ils ne sortaient point de Paris, non par défaut de courage personnel, mais parce qu'ils croyaient peu à celui de leurs soldats, en dépit de leur grande supériorité numérique. En effet, les milices parisiennes payaient de mine et de jactance beaucoup plus que d'effets. Elles étaient bariolées de plumes et de rubans, habillées avec élégance, chacun suivant sa fantaisie; mais quand elles se hasardèrent à tenter sous les murs quelques escarmouches, on les vit jeter leurs armes, fuir à toutes jambes, et rentrer au milieu des rires et des brocards. La population *frondeuse* elle-même se divertissait de leur gaucherie à la manœuvre. Les chansons, les plaisanteries, les caricatures jouaient un grand rôle dans cette guerre. On s'en lançait de part et d'autre de toutes les espèces. On n'épargnait pas son propre parti. Marigny, Blot, les plus célèbres chansonniers de la Fronde, plaisantaient même leurs amis. Les principaux habitans de Paris formèrent un corps de cavalerie, appelé par les Frondeurs eux-mêmes, *cavalerie des portes cochères*. Un régiment, nommé *régiment de Corinthe*, et levé par le coadjuteur, ayant été battu dans une escarmouche, on qualifia cette déroute de *Première aux Corinthiens*.

Mais la prise de Charenton, en nuisant à l'approvisionnement de Paris, d'abord abondamment pourvue de toute choses, avait commencé à dégoûter les Parisiens de cette guerre bizarre. Leurs hauts-faits, grotesquement racontés dans des centaines de pamphlets et de pasquinades, et surtout dans le *Courrier en vers burlesques de la guerre de Paris*, n'étaient guère propres à soutenir leur enthousiasme ; en sorte que beaucoup de gens, dans la capitale, soupiraient après le retour de la paix. Le parlement, en particulier, était las de se trouver en opposition avec le Roi. Cette compagnie ne se trouvait qu'à regret entraînée dans une situation aussi extrême. Des négociations s'ouvrirent entre elle et la cour, en dépit de Gondi, qui voulait que la Fronde s'alliât avec les Espagnols, alors en guerre contre le royaume. Le Parlement résista fermement à ses instigations, et continua les conférences qui se tenaient à Ruel, près Paris, avec la cour. Ce fut là que la paix fut signée, le 11 mars 1649. Gondi y fut compris presque malgré lui, ainsi que les autres chefs, tels que M. de Beaufort et le prince de Conti. La populace s'irrita violemment de cette paix. Le jour où le parlement délibéra sur la question de savoir s'il ratifierait l'accord fait par ses députés, des furieux envahirent le palais, et ce fut au milieu de leurs cris forcenés que délibéra la compagnie. Molé n'en recueillit pas moins les voix avec un calme aussi parfait que s'il se fût agi d'une audience ordinaire. Tous ses confrères, entre autres le président de Mesmes, qui avouait franchement sa frayeur, n'avaient pas le même courage. On pressa Molé de s'échapper par le greffe, afin d'éviter les violences de bandits qui le menaçaient plus que personne. Inébranlable là comme toujours, il s'y refusa : « La cour, dit-il, ne se cache jamais : si j'étais assuré de périr, je ne commettrais pas cette lâcheté qui ne servirait qu'à donner de la hardiesse aux séditieux : ils me trouveraient bien dans ma maison, s'ils s'imaginaient que je les eusse redoutés ici. » Après avoir proclamé le résultat de la délibération en vertu de laquelle les négociations étaient reconnues valables, il sortit au milieu de la populace déchaînée contre lui, s'avançant d'un pas ferme, le front haut, sourd à ses cris frénétiques. Un factieux lui appuya un pistolet sur le visage. En voyant la mort de si près, Molé ne se troubla pas. Il regarda tranquillement cet homme en lui disant: « Quand vous m'aurez tué, il ne me faudra que six pieds de terre. » Cette présence d'esprit, cette intrépidité imposèrent aux forcenés, et Molé gagna sans accident sa maison.

Une tranquillité apparente se rétablit dans Paris, où le Roi, la Reine et Mazarin rentrèrent. Cette tranquillité ne servait qu'à couvrir de nouvelles intrigues. Condé ne tarda pas à se brouiller avec la cour. Le 20 janvier 1650, lui, le prince de Conti et le duc de Longueville furent arrêtés au Palais-Royal, par ordre de la Reine, et conduits sous bonne escorte au château de Vincennes. Cette mesure fut le signal de nouveaux troubles. Beaufort et Gondi donnèrent un surcroit d'activité à la Fronde. Le vicomte de Turenne, dès lors illustré par de nombreuses victoires, s'unit aux mécontens qui demandèrent plus que jamais le renvoi de Mazarin, et invoquèrent l'appui des Espagnols. L'archiduc d'Autriche qui commandait, pour le Roi d'Espagne, dans les Pays-Bas, joignit à ses troupes celles que Turenne amena avec lui. Tous les deux de concert firent d'abord la guerre dans le nord de la France avec des succès variés ; mais Turenne s'étant trouvé avec des forces très inférieures, auprès de Réthel, en présence de l'armée française, fut entièrement défait. Les trois princes prisonniers avaient été transférés de Vincennes, d'où la cour craignait qu'on ne les enlevât, au château de Marcousis, puis de là au Hâvre-de-Grâce. Mais la défaite de Turenne n'avait pas découragé les Frondeurs. Gondi, devenu cardinal, Beaufort, Tavannes, Nemours, firent si bien que la reine, se voyant absolument bloquée avec le roi, dans son palais, fut obligée de consentir à la délivrance des princes et au renvoi de Mazarin, qui quitta la France et se retira en Allemagne. Son départ fut célébré par les transports d'allégresse du peuple parisien, et toutes les rues, à cette occasion, resplendirent de feux de joie.

Mais l'exil de Mazarin ne fut pas de longue durée. Ce ministre ayant été rappelé par la reine, la guerre civile recommença ; outre Paris, elle embrâsa plusieurs points de la France. C'était toujours de la capitale que partaient les coups les plus décisifs ; aussi les Frondeurs, disposant à leur gré d'une populace turbulente, dont le trouble semblait être l'élément naturel, cherchèrent à s'assurer de Paris, que la cour quitta une seconde fois. La reine avait donné le commandement de ses troupes à Turenne, qui, rougissant de sa rébellion momentanée, était revenu au seul parti digne de lui, celui de son roi. Comme en 1649, Anne d'Autriche avec son fils et le cardinal-ministre, se retira d'abord à Saint-Germain : s'étant ensuite portée vers la Loire, la cour faillit être enlevée à Gien, par les troupes de la Fronde. Turenne seul la sauva. Ce fut lui aussi qui répara l'échec éprouvé par son collègue dans le commandement, le maréchal d'Hocquincourt, que Condé surprit et battit. C'était au mois de mars 1652.

Cependant Paris n'était pas encore aussi dévoué aux chefs de la Fronde que ceux-ci l'eussent désiré. Le bas peuple était tout à eux, il est vrai; mais les bons bourgeois, quoiqu'ils n'aimassent point Mazarin, craignaient d'aller trop loin dans la sédition, et le parlement, malgré ses déclarations contre ce ministre, déclarations renouvelées lors du rappel de Mazarin, tâchait de tenir la balance égale entre les deux partis, de faire de l'opposition sans faire de la guerre civile, et surtout sans consentir à l'alliance avec les Espagnols. Chaque jour voyait sortir des presses parisiennes des pamphlets burlesques, qui se débitaient dans les rues, surtout sur le Pont-Neuf, alors l'endroit le plus animé de la capitale, et qu'un rimeur du temps, Berthaud, dans sa *Ville de Paris*, apostrophe de la manière suivante :

> Vous, rendez-vous des charlatans,
> Des filous, des passe-volans,
> Pont-Neuf, ordinaire théâtre
> Des vendeurs d'onguent et d'emplâtre,
> Séjour des arracheurs de dens,
> Des fripiers, libraires, pédans,
> Des chanteurs de chansons nouvelles, etc.

Les brochures contre Mazarin s'y débitaient en grand nombre. Ici on vendait les *Larmes de la reine et du cardinal Landriguet*, (surnom burlesque donné à Mazarin), et le *de profundis de Jules Mazarin avec les regrets de sa méchante vie*. Là on offrait aux passants : *Le pot aux roses découvert, ou le véritable récit des projets que Mazarin fait état d'exécuter tôt ou tard, suivant la nécessité des affaires présentes*. Plus loin, la *dernière soupe à l'oignon pour Mazarin*, et les *Consultations et ordonnances des médecins de l'État pour la purgation de la France malade*. Les oisifs s'attroupaient dans tous les lieux publics pour lire et commenter ces brochures, presque toutes anonymes, et qui sans être toutes également spirituelles;

étaient aussi violentes, aussi satiriques les unes que les autres.

Le prince de Condé sentit qu'il fallait absolument déterminer le parlement et la bourgeoisie à se déclarer pour la Fronde. Il vint à Paris, avec MM. de Nemours, de Beaufort, de Larochefoucault, et la plupart de ses amis, laissant son armée sous le commandement de MM. de Tavanne et de Clinchamp. Il trouva un médiocre secours dans Gaston, duc d'Orléans, oncle du roi, prince faible et irrésolu. Mademoiselle de Montpensier, fille de ce prince, fut pour les frondeurs une alliée beaucoup plus active. Agée alors de vingt-cinq ans, vive, spirituelle, éprise de la renommée autant que des plaisirs, elle avait par ses manières affables un grand crédit sur le peuple de Paris ; elle partageait cet avantage avec le duc de Beaufort, surnommé le *roi des halles*.

Les chefs de la Fronde trouvèrent dans le Parlement une résistance à laquelle ils ne s'étaient pas attendus. Cette compagnie se maintenait dans les termes de ses déclarations contre Mazarin, mais elle reprochait sévèrement aux princes leur alliance avec les ennemis de l'état. Les autres magistratures imitèrent la conduite du Parlement, et les bons bourgeois se réglaient sur leurs magistrats, en sorte que les princes n'avaient pour eux que la plus basse populace. Des distributions d'argent lui étaient faites chaque jour au Luxembourg, où les princes, du haut du balcon de ce palais, s'entretenaient familièrement avec elle. Leurs émissaires la remuaient par tous les moyens possibles, comme des bruits de famine prochaine, causée, disaient-ils, par le Parlement qui faisait conduire les grains à St.-Germain où la cour était revenue. Des rixes avaient lieu souvent entre les Frondeurs et les partisans de la cour. Les premiers adoptèrent pour signe de ralliement un bouquet de paille au chapeau. On en parait jusqu'aux chevaux, en sorte, dit une brochure de l'époque, *qu'il semblait que ce fussent tous chevaux à vendre*. Les amis de la cour adoptèrent pour cocarde un chiffon de papier. Voici une des chansons composées à cette occasion par les Frondeurs :

> Tous les présidens de la Fronde,
> Pour distinguer les Mazarins,
> Ont commandé que tout le monde,
> De paille prendrait quelques brins.
>
> Hommes, garçons, femmes et filles,
> Nobles, marchands, gens de métiers,
> Princes, aussi bien que les drilles,
> En porteront tous des premiers.

Et si quelque sot se mutine,
Refusant la paille porter,
Qu'on le frotte à la Mazarine,
Afin qu'on en puisse douter.

Les mazarins ripostaient par cette autre chanson :

Cessez, frondeurs, de nous poursuivre
Avec votre paille, et sachez
Que ce papier doit faire un livre,
Pour écrire tous vos péchés.

Vous ferez un jour pénitence,
Et tout ainsi qu'un criminel,
Vous y lirez votre sentence,
Dont il n'y aura point d'appel.

Cette paille vous fait entendre,
Gens de Paris, pauvres badauds,
Que les princes vous veulent vendre,
Ainsi que l'on fait des chevaux.

Ville rebelle, ingrate terre,
Quant ton prince te vient sommer,
D'éteindre les feux de la guerre,
Tu prends paille pour l'allumer.

Mais des chansons n'avançaient pas les affaires des princes. Leur armée, vivement pressée par Turenne, était assiégée dans Etampes. Ils résolurent d'opérer des levées d'hommes dans Paris, et de se montrer en campagne avec ces nouvelles troupes, qui témoigneraient que la capitale s'était formellement déclarée pour eux. Ils indiquèrent donc un rendez-vous général dans la plaine de Chaillot, près le bois de Boulogne, à tous ceux qui voudraient s'enrôler à leur service. Il y vint un ramas de gens sans aveu, que Condé, bien malgré lui, et rougissant d'avoir de pareils auxiliaires, passa solennellement en revue. Il donna à cette cohue indisciplinée quelques officiers pour la commander, puis, il la conduisit à l'attaque de St.-Denis, occupé par un seul bataillon suisse. Aux premiers coups de feu, toute cette lâche canaille, ramassée dans les boues de Paris, s'enfuit en jetant ses armes pour courir plus vite. Condé, suivi seulement de quelques gentilshommes et de quelques soldats, força l'entrée de St.-Denis, et en chassa la garnison ; alors ses ignobles auxiliaires revinrent en foule pour piller, et il eut plus de peine à leur faire lâcher prise, qu'il n'en avait eu à vaincre les soldats du roi.

Sur ces entrefaites, une armée de Lorrains, soudoyée par les frondeurs, qui tout en combattant les troupes royales, se disaient toujours bons serviteurs de sa majesté, et ennemis seulement de Mazarin, était venue délivrer les assiégés d'Etampes. Ce ne fut pas sans piller tous les alentours de Paris. Mais la cour ayant négocié le départ du duc de Lorraine et de s s soldats, ce secours ne fut que passager pour les Frondeurs. Le prince de Condé étant allé reprendre le commandement de ses troupes, fortes de six à sept mille hommes, se vit poussé par Turenne, qui en commandait onze à douze mille, jusque sous les murs de Paris, dont les compagnies bourgeoises lui refusèrent l'entrée. Acculé à la porte St.-Antoine, il n'eut d'autre parti à prendre que d'accepter la bataille.

Elle se livra le 2 juillet 1652; bataille mémorable, moins par le nombre des combattants que par leur courage, par le talent, et la renommée de leurs chefs. Les Frondeurs, ayant rangé leurs bagages le long des fossés de la ville, occupaient les trois principales rues du faubourg Saint-Antoine, savoir: la grande rue de ce nom, celles de Charenton et de Charonne. Ils s'y étaient crénelés et barricadés. Sous les yeux du roi et de toute la cour qui se tenaient sur les hauteurs de Charonne, tandis que la reine mère priait dans l'abbaye de Saint-Denis, effrayée du sang prêt à couler, Turenne attaqua vivement les Frondeurs. Plusieurs fois il les poussa devant lui; plusieurs fois il fut repoussé à son tour par Condé, qui à la tête de cinquante gentilshommes, accourait partout où le danger était le plus grand. Les maisons de la plupart des rues furent tour-à-tour prises et reprises par les deux partis que la chaleur et la lassitude excessives forcèrent, vers le milieu de la journée, à s'arrêter pour prendre quelque repos. Bientôt le combat recommença aussi acharné que jamais. Turenne avait reçu des renforts. Condé, ayant perdu presque tous ses gentilshommes, est rejeté avec les débris de ses troupes, sur la place située devant la porte Saint-Antoine : là, il va être écrasé par l'artillerie royale, braquée au débouché des trois grandes rues.

Dans cette extrémité, mademoiselle de Montpensier vient à son secours. Après les plus vives instances auprès de son père, elle en a obtenu une espèce de procuration, avec laquelle elle se présente devant les échevins et les autres magistrats municipaux, réunis à l'Hôtel-de-ville, avec le maréchal de l'Hôpital, gouverneur de Paris. Elle les presse d'ouvrir les portes de la ville à Condé. Ils résistent : elle les presse encore; elle va jusqu'à menacer le maréchal de *lui arracher la barbe*. Enfin elle les décide, aidée par les cris du peuple ameuté sous les fenêtres de l'Hôtel-de-ville, et qu'avait apitoyé la vue des nombreux blessés qu'on laissait seuls entrer dans Paris. Munie de l'ordre demandé, elle court à la porte Saint-Antoine, la fait ouvrir aux troupes de Condé, qui commencent aussitôt leur retraite : puis, pour la protéger, elle court à la Bastille, et en fait tirer le canon sur l'armée royale. On assure même qu'elle mit de sa propre main le feu à la première pièce.

Condé rallia de son mieux ses troupes dans Paris. Ses affaires étaient désespérées. L'aide de la populace parisienne ne lui servait à rien. Il résolut donc de faire un dernier effort auprès des magistrats pour les décider à signer un pacte avec lui. Leur refus le décida à employer la violence, ou du moins à laisser faire la tourbe ignoble remuée par Beaufort. Le 4 juillet, deux jours après la bataille, une foule de gens de la dernière classe, conduits par des officiers et soldats déguisés, se ruèrent contre l'Hôtel-de-ville, où se tenait une assemblée générale. Les magistrats, qui la plupart avaient des armes, barricadèrent les portes et se défendirent vigoureusement. Deux cents séditieux perdirent la vie sans pouvoir les forcer. Alors ces misérables mirent le feu aux portes, et pénétrèrent dans l'Hôtel-de-ville.

Plusieurs magistrats furent égorgés, les autres ne s'échappèrent qu'avec la plus grande peine.

Cet événement jeta la consternation dans Paris, et fit détester la Fronde par tous les honnêtes gens. Elle-même, par ces horribles violences, s'était donné le coup mortel. D'ailleurs le pain était monté à un prix exorbitant, les ouvriers n'avaient point d'ouvrage, et les princes, plus d'argent à leur distribuer. Le peuple, revenu tout-à-fait de son ardeur frondeuse, s'attroupait sur les places, demandant à grand cris du pain et le retour du roi, ne s'inquiétant pas si Mazarin reviendrait avec lui. Des députés furent envoyés à Saint-Germain, pour prier humblement Sa Majesté de rentrer dans la capitale. Ce prince y revint, avec sa mère et son ministre. Condé refusa de se soumettre et s'exila lui-même. Les autres frondeurs de marque le suivirent ou obtinrent leur pardon, et la tranquillité, sans cesse troublée depuis quatre ans, se rétablit enfin d'une manière solide.

Alors commença pour Paris cette ère si longue de calme, de prospérité, de splendeur que lui valurent les règnes de Louis XIV, de Louis XV et les quatorze premières années de Louis XVI, période où l'histoire particulière de cette ville s'absorbe entièrement dans l'histoire de France ; car le temps des révoltes et des séditions était passé. Sous Louis XIV, une bonne police, établie enfin dans cette vaste capitale, rend les rues sûres de nuit et de jour, les éclaire, les embellit; Paris se peuple de magnifiques monuments, et voit sa vieille enceinte de fossés, de tours et de sombres murailles, bonne pour des temps orageux, céder la place à d'élégans boulevarts. Illustré par les lettres et les arts, Paris ne s'aperçoit de la guerre que par l'arrivée des trophées que l'on suspend aux voûtes de Notre-Dame et des Invalides. Sous la minorité de Louis XV et la régence du duc d'Orléans, la soif de l'agiotage précipite un moment presque toute la population vers la petite rue Quincampoix, où se négociaient ces billets de Law, dont le système financier renversa et éleva tant de fortunes en France, et surtout à Paris. Ce n'est que dans les temps de paix, et à défaut de graves préoccupations, d'inquiétudes sur le sort de l'état, que les esprits se jettent ainsi dans la rage de faire fortune. L'agiotage est la guerre des époques pacifiques. Sous la régence aussi, en 1721, cette sécurité donnée à Paris par Louis XIV, est un moment troublée par un simple chef de voleurs, par Cartouche, qui, avant de périr en place de Grève, défia si long-temps toutes les forces et toute l'adresse de la police.

Ce n'est donc que vers la fin du règne de Louis XVI, que nous avons à chercher de grands événemens dans l'histoire particulière de Paris. Déjà en 1775, des troubles graves s'étaient élevés dans la capitale, au sujet du commerce des grains. Des troupes de bandits pillèrent plusieurs boutiques de boulangers, et parcoururent la banlieue, détruisant les moulins, brûlant les granges, jetant les grains à la rivière. Une juste et rigoureuse répression mit fin à ces troubles que l'on appela *guerre de la farine*.

Il serait difficile de ne pas voir dans ces actes de turbulence de la part de la populace parisienne, quel qu'ait été leur prétexte, un indice des dispositions qui éclatèrent quelques années plus tard. Ce n'est pas dans un livre comme celui-ci qu'il est possible de rechercher en détail les causes de l'immense catastrophe qui, prenant Paris pour son théâtre principal, renversa dans des flots de sang, la monarchie française, et ouvrit à la moitié du globe une ère de calamités. Mais il est permis d'attribuer cet épouvantable désastre aux doctrines d'irréligion, d'immoralité, de révolte contre toute autorité divine et humaine, ouvertement prêchées par la secte philosophique, et que la faiblesse coupable, la connivence même des agens du pouvoir à l'égard de leurs adeptes, avaient laissé impunément corrompre et gangrener la société, en pénétrant jusqu'aux dernières classes.

Parmi les événemens si nombreux de la révolution de 1789, qui enleva tout à la France, repos, richesses, colonies, marine, pour changer le royaume de Louis XIV en une effroyable arène où des bourreaux égorgeaient des victimes, pour lui ôter l'aspect même d'un pays civilisé, nous devons nous contenter de signaler ceux dont Paris fut témoin.

Dans l'été de 1788, la populace, en pillant, dans le faubourg Saint-Antoine, la fabrique de papiers peints de Reveillon, avait préludé à cette révolution qui se déclara nettement l'année suivante, et ne marcha plus que de progrès en progrès, c'est-à-dire de crimes en crimes.

Elle franchit le pas décisif le 14 juillet 1789. Ce jour là des bandes de brigands, auxquels se joignirent des soldats des Gardes-Françaises, traîtres à leur drapeau et à leur devoir, se ruèrent sur la Bastille, bientôt suivies d'une masse énorme de populace. La

Bastille, dont le gouverneur était M. de Launay, homme aussi humain que fidèle à son roi, avait pour toute défense quatre-vingt-deux invalides sans munitions. Cent mille furieux, parmi lesquels beaucoup de ces mégères, qui se distinguèrent d'une manière si atroce dans tous les événemens de cette révolution, assaillirent et brisèrent les portes, qui ne furent pas défendues. A peine tira-t-on quelques coups de canon. On avait persuadé au peuple que la Bastille regorgeait de détenus politiques : il ne s'y trouva en tout que sept prisonniers, condamnés pour faux ou autres crimes. La populace n'en assassina pas moins M. de Launay et plusieurs des malheureux invalides, et promena leurs têtes dans les rues. Telle fut cette journée que l'on a qualifiée de *victoire glorieuse :* victoire où plus de cent mille individus enfoncèrent des portes qu'on ne défendit pas, et prirent quelques invalides qui n'avaient pas de poudre : le tout terminé par des promenades de têtes coupées. La Bastille fut démolie aussitôt.

Moins de trois mois après, le 6 octobre, le roi et la reine se voient ramenés par force de Versailles à Paris, par une multitude égarée, qui égorgea plusieurs gardes du corps, et pénétra avec des cris de mort, jusque dans les appartemens de la reine. Le roi fut obligé de fixer son séjour aux Tuileries. Pendant ce temps, le pillage, les incendies de châteaux et les assassinats s'étendaient sur une grande partie de la France.

Le 14 juillet 1790, une grande partie de la population de Paris court au Champ-de-Mars, où des députations des différentes gardes nationales de France, portant la cocarde et le drapeau rouge, bleu et blanc (couleurs de la maison d'Orléans) qui avaient été substitués au drapeau et à la cocarde blanche, s'étaient réunies pour une fédération : spectacle qui ne fut qu'une des scènes du déplorable drame qui se jouait.

L'année suivante le roi et la famille royale ayant voulu sortir de France, où leur vie était menacée par le fer des assassins, sont arrêtés à Varennes, au moment d'atteindre la frontière des Pays-Bas. Un scrupule exagéré de Louis XVI empêcha ses serviteurs de le sauver, en employant la force contre un misérable, nommé Drouet, maître de poste, qui l'ayant reconnu, s'opposait au passage de la voiture. Le roi et la reine furent reconduits à Paris, au milieu des insultes les plus infâmes.

Le 20 juin 1792, les Tuileries sont assaillies par une foule de forcenés qui ne se retirent qu'après avoir tenu la famille royale pendant plusieurs heures dans les angoisses de la mort et après avoir posé sur la tête de Louis XVI le hideux bonnet rouge, coiffure de ces brigands.

Cette journée du 20 juin n'est que le prélude d'une autre plus affreuse. Le 10 août, une horde d'assassins, connus sous le nom de Marseillais, mais qui la plupart étaient étrangers à la ville de Marseille, traînant avec eux plusieurs pièces de canon, et formant le noyau d'une masse immense de gens sans aveu, sortis principalement des faubourgs Saint-Antoine et Saint-Marceau, attaquent de nouveau les Tuileries. Elles avaient pour principale défense neuf cents gardes suisses, outre un petit nombre de gardes nationaux fidèles et une poignée de gentilshommes, presque tous armés seulement de leur épée. Les bandes de brigands commencent les hostilités par l'assassinat de quelques sentinelles suisses : alors le feu s'engage. En un moment, les braves défenseurs du roi ont culbuté les assaillans; les Suisses les poursuivent, retournent contre eux leurs canons, en tuent un grand nombre. Mais le roi, perdu, là encore, par sa faiblesse, et réfugié dans l'assemblée législative qui se tenait au manége, sur l'emplacement de la rue de Rivoli, envoie aux Suisses l'ordre de cesser le feu. Fidèles au commandement du roi, même quand ce commandement est pour eux un arrêt de mort, ces héroïques soldats renoncent à leur victoire et se résignent. Les brigands rassurés reviennent, entrent dans le château : ses défenseurs sont accablés sous le nombre. Alors commence le plus horrible massacre; on les égorge sans pitié, on les poursuit partout; le palais est inondé de sang, et des cannibales le boivent, en déchirant en lambeaux leurs victimes.

Les jours suivans voient tomber dans Paris tous les insignes de la royauté, toutes les statues de nos monarques, même celle du bon Henri.

Les 2 et 3 septembre, les détenus entassés dans les prisons sont égorgés. Parmi eux étaient un grand nombre de prêtres, saints martyrs de la foi. La déchéance du roi et l'installation de la république n'avaient pas tardé à être proclamées. Le roi, la reine, leurs enfans sont enfermés dans la tour du Temple, sous la garde de geôliers, qui par les tortures morales qu'ils exercent sur eux, semblent s'attacher à devancer l'œuvre des bourreaux. Des assassins apportèrent **exprès** sous les fenêtres de l'infortunée famille la tête de la princesse de Lamballe, l'amie de la reine, et les geôliers attirèrent les regards du roi vers cet effroyable spectacle.

Enfin le 21 janvier, tant de crimes sont couronnés par le plus grand de tous. Louis XVI sort de sa prison pour aller à l'échafaud. Ce jour là, Paris présenta l'aspect le plus morne. Sur le passage du sinistre cortège, toutes les maisons sont fermées et muettes. Les juges-bourreaux de la Convention ont disposé partout des canons et des baïonettes. Arrivé, après un trajet de deux heures, du Temple à la place Louis XV, le roi monte sur l'échafaud, accompagné de l'abbé Edgeworth de Firmont; il pardonne à ses assassins, prie pour la France; la tête du juste couronné tombe, et son ame monte vers le ciel.

Alors régna sans frein l'abominable tyrannie de la Terreur, substituée au paisible et paternel gouvernement de nos rois. Alors Paris vit le sang ruisseler régulièrement, les victimes marcher par troupes aux guillotines dressées en permanence, au son de la *Marseillaise*, cette hymne de massacre, hurlée en chœur par les bourreaux; les églises souillées servir de théâtre aux plus abominables profanations; celle de Sainte-Geneviève, dérisoirement changée en Panthéon pour Marat; la déesse de la Raison, représentée par une femme perdue de mœurs, promenée dans les rues au milieu d'une pompe païenne; les honnêtes gens n'attendant à toute heure que leur arrêt; la reine et son auguste sœur, madame Elisabeth, martyres à leur tour, tandis que le jeune roi Louis XVII se mourait au Temple, de mauvais traitemens et peut-être de poison.

Enfin, le 9 thermidor an II (27 juillet 1794), Paris et la France voient quelque espérance d'un avenir meilleur, quand Robespierre et ses complices les plus sanguinaires périssent à leur tour, immolés par leurs collègues de la Convention.

En effet, le couteau cesse de fonctionner en permanence sur les places; les prisons se désemplissent en grande partie. Mais l'année suivante, 13 vendémiaire an IV (5 octobre 1795), les Sections (composées des habitans de Paris) s'étant insurgées contre le despotisme de la Convention, le sang coule en abondance dans les rues. Le général Bonaparte, commandant les troupes conventionnelles, mitraille les Parisiens, les écrase sur les degrés de l'église Saint-Roch où il les avait poussés, et étouffe l'insurrection sous des monceaux de cadavres.

Paris alors, comme pour s'étourdir et se dédommager du régime de sang de la Terreur, se jette avec frénésie vers la dissipation et les fêtes. Le commerce est nul; les assignats, cette monnaie de papier si vite décriée, se sont fondus entre les mains qui les tenaient: n'importe, les spectacles sont pleins, les bals publics et particuliers se succèdent sans relâche : c'est un mélange bizarre de luxe et de misère ; on imagine les modes les plus extravagantes. On spécule au perron du Palais-Royal, comme jadis à la rue Quincampoix ; on agiote en s'amusant et on s'amuse en agiotant, et tout cela au milieu d'une corruption de mœurs, dont le Directoire qui avait succédé à la Convention, donnait l'exemple à la France, et surtout à Paris.

Sous le gouvernement consulaire qui rétablit officiellement le culte, puis sous le gouvernement impérial, Paris reprit une physionomie noble et grande. Le despotisme qui, sous l'empire, opprimait la France, les guerres continuelles qui décimaient sa population, des crimes même tels que l'exécrable assassinat du brave et infortuné duc d'Enghien, qui avait précédé de peu de mois l'inauguration du trône impérial, n'empêchaient pas que la capitale n'offrit un aspect brillant et pompeux. De beaux monumens, des travaux considérables d'assainissement dans divers quartiers s'achevaient à la fois. Pendant des guerres presque continuelles, il régnait dans Paris une tranquillité matérielle que troubla à peine un jour ou deux la singulière conspiration républicaine du général Malet (octobre 1812). A l'aide de la fausse nouvelle de la mort de Bonaparte, alors en Russie, Malet, sortant d'une maison de santé où il était détenu pour cause politique (car les détenus politiques étaient nombreux alors), entraîne quelques troupes de la garnison de Paris, arrête le préfet de police, blesse grièvement le général Hullin, commandant la place. Il est au moment de réussir, mais la fausseté de la nouvelle, découverte trop tôt pour les projets de Malet, arrête son triomphe : il redevient prisonnier et on le fusille quelques jours après.

Enfin, après plusieurs années de guerres la plupart heureuses, Paris, dont les femmes comme celles de l'ancienne Sparte, n'avaient pas aperçu depuis deux cent-vingt ans la fumée d'un camp ennemi, Paris voit les combats se rapprocher de ses murs. Les campagnes de 1812 et de 1813, ont amené les armées de la coalition européenne sur le territoire français : elles veulent écraser dans Bonaparte l'ambitieux ennemi du repos du monde. A la suite de nombreux combats, des troupes russes, prussiennes, autrichiennes, allemandes, au nombre de plus de cent mille hommes, sans compter les corps qui les suivaient, paraissent à la fin de mars 1814, en vue de Paris, du côté du nord. Depuis quelque temps les convois de blessés, de plus en plus nombreux, à mesure que le théâtre de la guerre se rapprochait, après avoir rempli tous les hôpitaux de la capitale, avaient même reflué au-delà. Et cependant, d'impudentes proclamations annonçaient toujours de brillantes victoires si clairement démenties par de sanglans témoignages. La police parlait encore de triomphes, quand les bivouacs étrangers s'établirent dans tous les villages environnans. Marie-Louise et Joseph Bonaparte partirent précipitamment. Alors seulement Paris, où une partie de la population croyait aux impostures officielles et remplissait, insouciante, les spectacles et les lieux de plaisirs, comprit entièrement que la crise était arrivée. Le 30 mars, la ville s'éveilla au bruit de la générale. Vingt-cinq mille hommes de troupes réglées défendaient ses approches. La garde-nationale, dont la convocation est utile, il faut le dire, en de telles circonstances, où les intérêts généraux et particuliers réclament son secours, maintint l'ordre dans l'intérieur de la ville. La canonade et la fusillade s'engagèrent sur toute la ligne du nord, surtout aux buttes Montmartre et Saint-Chaumont, en dehors de la Chaussée-d'Antin, des faubourgs Saint-Martin et Saint-Denis. Pendant ce temps, une multitude de curieux couvrait les clochers, les plates-formes élevées, tous les points d'où on pouvait voir les combats qui, pour ces gens, étaient un spectacle. Les boulevarts même étaient couverts de promeneurs, regardant passer les blessés qui venaient des champs de bataille. Il fallut un boulet qui arriva tout près des boulevarts et emporta la jambe d'un passant, pour dissiper la foule; encore revint elle le moment d'après. La curiosité faisait en elle l'effet du courage.

Vers le soir, les assaillans ayant enlevé toutes les positions et atteint les faubourgs, une capitulation fut signée. Paris put voir toute la nuit les feux de l'armée alliée couronnant les hauteurs voisines, en attendant l'entrée de cette armée qui eut lieu le 31 mars, dans un ordre magnifique. Sous les ordres de ses souverains, elle défila le long des boulevarts, au milieu d'une foule immense de spectateurs, qui s'étonnaient de l'imposante tenue de ces troupes, représentées comme des *débris désorganisés* dans les bulletins des jours précédens.

Le jour même, des manifestations royalistes eurent lieu dans Paris : des cocardes blanches s'y montrèrent, mais les princes alliés étaient totalement étrangers à ces démonstrations, eux qui, deux semaines avant, offraient encore la paix et le maintien de la couronne à Bonaparte, dans les conférences de Châtillon. Ce fut la population elle-même qui se prononça bien vivement pour le rétablissement de la famille des Bourbons, quand, le 12 avril, Monsieur, comte d'Artois, puis le 3 mai, le roi Louis XVIII, entrèrent dans la capitale. Cette restauration, comme celles de Charles VII et d'Henri IV, eut lieu sans qu'une goutte de sang coulât, sans que personne fût inquiété de la manière la plus légère.

Les troupes étrangères avaient quitté Paris et la France; le royaume voyait briller d'heureux et paisibles jours, sous son souverain légitime, quand le retour de Bonaparte de l'île d'Elbe, au mois de mars 1815, favorisé par des complots tramés à l'intérieur, replongea la France dans un abîme de maux. La trahison du colonel Labedoyère, du maréchal Ney et de plusieurs autres chefs, chargés de défendre le territoire français contre l'invasion de Bonaparte, lui ayant ouvert un accès jusqu'à la capitale, il y entra le 20 mars à neuf heures du soir, au milieu du morne silence de la population. Le roi avait quitté les Tuileries la nuit précédente, se dirigeant vers la Flandre, accompagné d'un grand nombre de volontaires royaux, parmi lesquels beaucoup d'élèves des écoles de droit et de médecine de Paris.

Les événemens du mois de juin suivant, la déroute de Waterloo, ramenèrent les troupes étrangères sous les murs de la capitale. L'homme qui, pour satisfaire son ambition, avait fait couler de nouveau des torrens de sang, ramené à sa suite l'Europe en armes, provoqué l'invasion de la France et la perte de plusieurs de ses places frontières, s'enfuit vers Rochefort, où il se livra aux Anglais. Plusieurs combats livrés à Sèvres, à Versailles, à Meudon, par les troupes prussiennes et anglaises, furent le prélude de l'occupation de Paris, où le gouvernement usurpateur avait fait de vains préparatifs de défense, et armé des bandes de gens sans aveu sous le nom de *Fédérés*, peu redoutables au combat, mais fort à craindre pour le pillage. La garde nationale dut protéger les propriétés contre ces bandits, bien plus que contre les soldats étrangers. Les armées russes et autrichiennes arrivèrent successivement. Mais cette fois, les dispositions des souverains, irrités par l'agression nouvelle de Bonaparte, étaient alarmantes pour la France. Ce fut la royauté légitime qui vint la sauver encore en se jetant entre elle et les vainqueurs. Le patriotisme véritable des Bourbons, dans la position difficile où ils étaient placés, préserva plusieurs monumens publics, menacés par les étrangers; et l'on vit Louis XVIII, malade et infirme, déclarer au général prussien Blucher, qu'il se ferait porter sur le pont d'Iéna, que ce général voulait faire sauter. La clémence et la bonté des Bourbons, qui exceptèrent seulement de l'amnistie générale, quelques traîtres, complices principaux de tous les malheurs de la patrie, s'appliquèrent sans relâche à fermer les plaies du royaume.

En peu de temps Paris redevint plus riche, plus florissant que jamais. Quelques émeutes en juin 1820, quatre mois après l'assassinat à jamais déplorable du duc de Berry, quelques conspirations avortées, ne purent arrêter la progression toujours croissante de la prospérité publique. Cette prospérité, sous le règne du roi Charles X, parvint au plus haut degré. Jamais les propriétés et les fonds publics n'avaient eu autant de valeur ; jamais un plus vif élan n'avait été imprimé à l'industrie et aux arts. La population s'accroissait, et les étrangers affluaient à Paris. Aussi la ville s'agrandissait-elle chaque jour. Le licenciement de la garde nationale (avril 1827) à la suite d'une revue où quelques bataillons de cette garde avaient, malgré la présence du roi, proféré des paroles et des cris hostiles au système suivi par le gouvernement, l'émeute de la rue Saint-Denis (novembre de la même année) qui obligea la force publique à faire usage de ses armes, ne troublèrent pas la marche bienfaisante du règne de Charles X. La famille royale, pour qui la munificence était le plus doux des plaisirs, donnait à tous l'exemple de la charité : on se souvient des bienfaits que, dans l'hiver rigoureux de 1829 à 1830, où les traîneaux se promenèrent sur les boulevarts, elle prodigua aux classes pauvres, spécialement dans Paris, et de ce bal magnifique donné à l'Opéra, pour cette pieuse destination, bal que le roi honora de sa présence, et que rien depuis n'a égalé.

Tel était l'état de Paris en 1830. Le vendredi, 9 juillet de cette année, à quatre heures de l'après-midi, le canon des Invalides avait appris à cette capitale la prise d'Alger, conquis en trois semaines par nos soldats, sous les ordres du maréchal de Bourmont. Le surlendemain, le roi et toute la famille royale avaient assisté au *Te Deum*, chanté à Notre-Dame, à l'occasion de cette glorieuse conquête, bienfait que la restauration a laissé, non seulement à la France, mais encore à toutes les nations commerçantes, délivrées à jamais, dans la Méditerranée, du fléau de la piraterie. Le soir, Paris avait été illuminé pour la même cause. La gloire guerrière venait de s'unir à toutes les autres gloires de la restauration. Seize jours après, une révolution éclata.

On sent qu'il ne peut entrer dans le plan d'un ouvrage comme celui-ci, d'apprécier les causes et de nommer les auteurs véritables de cette révolution. Ce sont là des hommes et des choses qui, la plupart, pour différens motifs, ne sont pas encore du domaine de l'histoire : à plus forte raison, notre abrégé ne peut-il aborder ces matières. Nous nous bornerons donc, sans réflexion aucune, à un récit pur et simple d'événemens défigurés par tant de versions mensongères. Témoin oculaire des faits, c'est d'après nos propres yeux que nous raconterons ce qui se passa alors dans Paris.

Le dimanche, 25 juillet, avait été aussi brillant, aussi gai, que l'est à Paris le dimanche, en cette saison.

Le lundi, 26, au matin, parurent dans le *Moniteur* des ordonnances du roi, en date de la veille, contenant diverses dispositions politiques, relatives, entr'autres, à la presse périodique. Des mesures de police, concernant leur exécution, furent affichées. Quelques groupes peu considérables se réunirent au Palais-Royal, et parcoururent le boulevart; le soir, on voyait, ou plutôt on sentait une certaine agitation régner dans les rues; mais aucun trouble sérieux ne se manifesta. Le roi et la cour étaient à Saint-Cloud.

Le mardi, 27, plusieurs journaux, parmi lesquels nous citerons le *Temps*, le *Journal du Commerce*, le *National*, ayant voulu paraître sans avoir rempli les formalités prescrites, furent saisis. Ils contenaient des appels à l'insurrection. Les groupes se renouvelèrent plus nombreux; un grand nombre d'ouvriers, renvoyés des ateliers fermés à dessein, se répandirent dans les rues, principalement aux environs du Palais-

Royal. Les boutiques se fermèrent dans tout ce quartier. Plusieurs des théâtres, qui avaient affiché leur spectacle comme à l'ordinaire, ne s'ouvrirent pas, entr'autres le théâtre Français et le Vaudeville. Ceux où l'on joua demeurèrent presque complètement déserts. Les groupes étaient devenus menaçans, vers six heures de l'après-midi. Ils obstruaient les rues Saint-Honoré et de Richelieu. Des détachemens de la garde royale parurent dans la rue Saint-Honoré, qu'ils parcoururent, rangés dans toute sa largeur, tambour battant. D'abord la foule s'ouvrait et se dispersait devant eux sans résistance. Mais bientôt son attitude devint hostile. Le cri de *vive la charte !* était ce jour-là le mot de ralliement des attroupemens.

Quelques essais de barricades furent faits de six à sept heures. Des patrouilles furent assaillies à coups de pierres. De quelques maisons, presque toutes repaires de débauche, des projectiles semblables furent aussi lancés.

Un Anglais, nommé Fox, logé dans l'Hôtel-Royal, rue Saint-Honoré, fut le premier qui, de son balcon, aidé de ses domestiques, tira sur un peloton de troupes qui stationnait vis-à-vis de cet hôtel. Ce ne fut qu'après avoir essuyé son feu, que les soldats tirèrent sur cet

Anglais, au moment où il s'apprêtait lui-même à tirer de nouveau, et le tuèrent ainsi que deux de ses domestiques. Le signal du combat fut donc donné par un étranger.

Après avoir tenté tous les moyens pacifiques, après avoir fait de nombreuses sommations et plusieurs décharges en l'air, un autre détachement fut obligé aussi de faire feu pour sa défense. Un homme du peuple ayant été blessé grièvement fut porté dans divers quartiers par ses camarades, comme une espèce de drapeau pour exciter à la révolte.

Vers neuf heures du soir, une vaste lueur, qui se faisait voir dans une grande partie de Paris, fit croire à un incendie terrible : elle provenait d'un corps-de-garde de la gendarmerie, que le peuple brûlait sur la place de la Bourse, et qui, construit en bois, produisait de grandes flammes. Les perturbateurs s'encourageaient par le bruit propagé de bouche en bouche qu'un officier du 5e régiment de ligne avait refusé de commander le feu.

Les rassemblemens se dispersèrent ensuite en brisant les réverbères. La fermeture de toutes les boutiques, l'absence de l'éclairage habituel, les groupes de cinq ou six personnes que l'on rencontrait, parlant à voix basse, dans les rues sombres et jonchées de débris, offraient un aspect étrange et sinistre. Vers onze heures, tout était calme en apparence.

La nuit se passa, du côté des fauteurs de troubles, en préparatifs d'agression. Plusieurs boutiques d'armuriers avaient été dévalisées. Les meneurs de la révolte avaient de longue main préparé des dépôts d'armes et de munitions, en attendant le prétexte qu'ils cherchèrent dans les ordonnances. Un de ces dépôts d'armes existait, entr'autres, rue Hauteville, chez M. Audry de Puyraveau, député, qui le distribua aux insurgés.

Il est bon de donner ici l'état exact des troupes qui se trouvaient à Paris en ce moment. Elles se composaient de huit bataillons de la garde royale, incomplets, appartenant aux 1er et 3$_e$ régimens français, et au 1er régiment suisse, formant en tout 3,800 hommes; de huit escadrons de lanciers et cuirassiers de la garde, 800 hommes; de 150 hommes d'artillerie de la garde, avec douze pièces de canon; des 15e, 50e, 53e régimens de ligne et 15 d'infanterie légère; enfin des gendarmes et fusiliers vétérans. En défalquant les postes fournis par la Garde à Paris et à Saint-Cloud, les vétérans qui livrèrent leurs armes sans résistance aux révoltés, et les troupes de ligne qui non seulement ne prirent point part au combat, mais encore compromirent, par leur défection, la Garde qu'elles devaient appuyer, on aura, pour les forces opposées à l'insurrection, un total de 4200 hommes, sous le commandement supérieur du maréchal Marmont, duc de Raguse.

Le mercredi, 28 juillet, les boutiques ne s'ouvrirent pas; on voyait des voitures emporter les étrangers, les Anglais surtout qui fuyaient en grand nombre de Paris. Un temps très chaud, un ciel sans nuages, contribuaient à jeter la population sur la voie publique, et les rassemblemens de curieux favorisaient ceux d'insurgés, en les cachant. Quelques individus se montrèrent avec l'uniforme de la garde nationale. Des perturbateurs détruisaient partout les insignes de la royauté. Pour une infinité de *gens*, le combat qui se préparait était un spectacle pour lequel ils cherchaient de bonnes places.

Vers dix heures, on vit un incident qui indiquait d'une manière bien évidente le caractère de cette révolution. Sur la place du Châtelet, deux prêtres de St.-Sulpice, qui revenaient, en voiture, d'un enterrement, avec un enfant, furent assaillis par une bande de furieux. On brisa les glaces de la voiture, on en arracha ces prêtres, pour les jeter dans la

Seine. Quelques étudians qui passaient par là s'unirent à d'honnêtes ouvriers pour sauver ces malheureux : moitié de force, moitié par persuasion, ils purent enlever l'un d'eux, M. l'abbé Goujon, aux meurtriers, et le faire remonter dans la voiture, où deux hommes se placèrent pour lui servir de sauve-garde. L'autre prêtre, M. l'abbé de Kergariou, avait déjà été entraîné; il fut blessé, et depuis il est mort des suites de cette horrible scène. En même temps, on faisait courir les bruits les plus stupides, comme celui de la présence d'un grand nombre de séminaristes armés parmi les Suisses qui gardaient le Louvre.

Vers midi, la garde royale s'ébranla en plusieurs faibles colonnes, que l'on engagea imprudemment le long des boulevarts et dans les défilés des rues déjà obstruées par des barricades. Des insurgés, cachés dans l'encoignure des rues, derrière les volets des fenêtres, tiraient sur les troupes, même lorsqu'elles passaient sans aucune démonstration hostile. Des enfans dressés au meurtre, qu'elles laissaient approcher sans se défier d'eux, tuaient, à bout-portant, des officiers et des soldats. Et cependant, pas une des maisons qui servaient d'embuscade ne fut enfoncée par les troupes. Avant de faire usage des canons.

(on ne se servit pas des obusiers à cause des ravages de l'obus), on vit les artilleurs avertir les assaillans que le boulet pouvait écraser. Manqué trois ou quatre fois par un individu embusqué, et maître de la vie de cet homme, un officier se contenta de l'appeler *maladroit*. Les soldats exposés à ces attaques perfides, accablés de chaleur, de soif et de faim, plaisantaient au milieu du danger. Dans toutes ces marches de la Garde à travers Paris, nulle part on ne tint devant elle.

L'Hôtel-de-Ville, qui n'était pas défendu, avait été envahi dès le matin par les insurgés. Deux cent-vingt hommes de la garde française les en chassèrent : renforcés plus tard de deux cents Suisses, deux canons, et quelques lanciers et cuirassiers, ils conservèrent ce poste toute la journée, culbutèrent les insurgés toutes les fois qu'ils attaquèrent en face, et leur tuèrent beaucoup de monde. Le soir, ceux-ci se retirèrent; à ceux qui s'étaient embusqués dans les maisons de la place de Grève, on permit d'en sortir impunément. Ce ne fut qu'à minuit, long-temps après la cessation de tout combat, que les troupes quittèrent ce poste inutile de l'Hôtel-de-Ville pour retourner aux Tuileries. Loin que le peuple ait pris l'Hôtel-de-Ville, il fut donc au contraire pris sur le peuple, et gardé contre toutes ses attaques.

Dans l'après-midi, les arbres avaient été coupés sur plusieurs points des boulevarts, et renversés en travers afin d'obstruer le passage. De fortes barricades de pavés, de voitures renversées, de pièces de bois, s'élevaient en nombre toujours croissant. Quand la nuit fut venue, au lieu de la circulation si active qui régnait ordinairement dans Paris, et de son aspect si brillant, un morne silence s'étendit dans tous les quartiers du centre, interrompu seulement par quelques travailleurs de barricades qui déchaussaient les pavés, et par de rares coups de fusils tirés dans le lointain. Les troupes rejointes par quelques renforts venus des environs, mais qui compensaient à peine leurs pertes, s'étaient concentrées au Louvre, aux Tuileries et dans les environs. Les personnes qui demandaient passage à travers leurs postes, l'obtenaient sans peine. Les gens pris les armes à la main ne subissaient aucune violence, malgré tant de guet-à-pens exercés contre la Garde. Les troupes, harassées, épuisées, supportaient sans un murmure le manque de munitions et de vivres. Aucune mesure n'avait été prise pour leur en assurer. Dans la journée, Paris avait été déclaré en état de siége:

tardive et insuffisante formalité. Aucun point de ralliement n'était indiqué, par l'autorité, aux dévoués citoyens à la cause royale.

Les meneurs de la révolte, dont tous les trophées s'étaient bornés jusqu'alors au pillage de quelques casernes abandonnées, n'avaient pas, le 28 au soir, une entière confiance dans le succès. Le jeudi, 29 au matin, une quarantaine d'élèves de l'école Polytechnique, sur deux cent cinquante que renfermait l'école, s'étant révoltés contre leurs maîtres, vinrent avec quelques anciens élèves de cette école, en uniforme, se joindre aux insurgés, qui n'avaient cessé durant la nuit de sonner le tocsin dans plusieurs clochers, et qui arboraient partout le drapeau tricolore. Des bandes nouvelles raccolées dans les faubourgs arrivèrent de toutes parts. Une de ces bandes, composée de gens déguenillés, à figures atroces, hurlant des cris forcenés, venait du faubourg St.-Marceau, et défilait dans la rue de Vaugirard, près du Luxembourg, lorsque, sans qu'elle eût un seul adversaire devant elle, l'alarme se répandit dans ses rangs. Ces gens se mirent à fuir, et quelques-uns tirèrent à tout hasard des coups de fusil qui tuèrent un de leurs camarades.

La plus grande partie des insurgés se porta

vers les quartiers du centre de Paris. L'enlèvement du magasin de poudre du boulevart de l'Hôpital, qui n'était pas même gardé, leur avait fourni de nouvelles provisions de munitions, dont manquaient les troupes. Depuis la veille, les fenêtres de la colonnade du Louvre étaient occupées par un bataillon suisse contre lequel tiraillaient de loin les insurgés. Et c'est une circonstance qu'il faut citer à l'honneur de la religion et du clergé : pendant ces journées, les prêtres de l'église St.-Germain-l'Auxerrois, située vis-à-vis la colonnade, ne cessèrent pas de venir remplir leur ministère, et recevoir la confession des fidèles assez courageux pour imiter leur zèle pieux, en se rendant à l'église malgré le sifflement des balles. Le 29, vers une heure, le duc de Raguse appela un bataillon du Louvre à la place Vendôme, dégarnie par le départ des troupes de ligne, dont la *neutralité*, amenée par les conspirateurs qui les travaillaient depuis longtemps, s'était changée en défection ouverte, grâce aux cris de *vive la ligne!* et autres moyens de séduction. Ce fut, par un inexplicable malentendu, le bataillon de la colonnade que l'on déplaça.

Le Louvre se trouva donc abandonné. Les insurgés, s'en étant aperçus, escaladèrent sans coup férir quelques fenêtres, et pénétrèrent dans la grande galerie, d'où ils tirèrent sur les troupes en bataille dans le Carrousel. Voilà à quoi se borna la *prise* du Louvre qui ne fut point défendu. C'est alors que le duc de Raguse ordonna l'évacuation sur St.-Cloud. Une poignée de soldats avait été laissée dans une maison de la rue de Rohan, faisant le coin, à gauche en entrant dans la rue St.-Honoré, vis-à-vis celle de Richelieu. D'autres occupaient une maison de la rue de l'Echelle. Oubliés dans la retraite, assaillis par une masse d'insurgés, ils se défendirent jusqu'à la dernière extrémité, jonchèrent de cadavres ennemis l'approche de leurs positions, et ne succombèrent que lorsque les cartouches leur manquèrent. Quelques-uns parvinrent à s'échapper. Plusieurs furent jetés par les fenêtres et égorgés, après avoir mis bas les armes. Le poste du Palais-Royal, après une défense non moins courageuse, parvint en grande partie à se faire jour.

Pendant ce temps, une soixantaine de recrues suisses, restés dans la caserne de la rue de Babylone, faubourg St.-Germain, refusèrent de se rendre, et tinrent long-temps en échec devant cette caserne une bande nombreuse où figurait un élève de l'école Polytechnique nommé Vanneau, qui fut tué. Les révoltés ayant mis le feu à la porte de la caserne, ces braves Suisses, dignes de leurs frères du 10 août, firent une sortie, culbutèrent les assaillans, et gagnèrent St.-Cloud. Le major Dufey, qui les commandait, vieux militaire qui servait depuis trente ans dans les armées françaises, avait été blessé dans l'action : on l'acheva de sang-froid.

La retraite de la masse des troupes se fit en bon ordre par les barrières de Passy, de Chaillot et de l'Etoile; on n'osa presque point l'inquiéter. Des habitans de Chaillot et de Passy ayant voulu disputer le passage des barrières, furent contraints de lâcher prise. Là périt un capitaine de la garde royale nommé Lemoiteux, tué à bout portant par un jeune homme qu'il avait épargné. Les troupes, après cette retraite, s'arrêtèrent au bois de Boulogne, puis se concentrèrent à St.-Cloud, auprès du roi.

Ainsi qu'on l'a vu, les trois journées, ou, pour mieux dire, les deux journées, celles du 28 et du 29, se passèrent principalement en embuscades et en guet-à-pens de la part des insurgés : et sur les points où il y eut combat véritable, l'avantage resta à ce petit nombre de braves soldats assaillis par des masses énormes. Dans ces journées, qui ne furent glorieuses que pour la garde royale, les troupes ne perdirent ni un drapeau ni une pièce de canon. Celle dont les insurgés firent parade les jours suivans, leur fut livrée le 31 juillet au pont de Sèvres par un maréchal-des-logis qui trahit son drapeau.

Dans l'histoire de ces journées, on peut citer quelques traits d'humanité émanés de la population parisiene et qui font honneur à leurs auteurs. Mais il est trop vrai que des massacres de militaires prisonniers et blessés, accompagnés de raffinemens de la plus atroce barbarie, ont renouvelé en 1830 les horreurs d'août 1792.

La perte de la garde royale peut être portée avec exactitude à quatre cents hommes, dont un quart tués. La gendarmerie, d'après des documens positifs, ne perdit que cinq hommes. Les insurgés ont évalué officiellement leur perte à cinq cent quatre morts et onze cents blessés. Cette évaluation nous paraît au-dessous de la vérité.

Durant les journées qui suivirent, Paris présenta le plus singulier et le plus repoussant spectacle. Nulle voiture ne circulait dans les rues obstruées de barricades et de débris de réverbères, que suppléèrent le soir, des illuminations forcées. Les boulevarts restaient encombrés d'arbres abattus avec toutes leurs branches. Des misérables portaient triomphalement des lambeaux d'uniformes pris sur les morts, exagérant les assassinats dont ils se vantaient. Ces individus étaient presque tous des forçats libérés et autres repris de justice, des vagabonds, des gens sortis des repaires les plus vils. Ils montaient la garde au Palais-Royal, aux Tuileries, dans les autres lieux publics, vêtus de guenilles sanglantes. On voyait circuler aussi des individus trébuchant et hurlant, ivres du vin qu'ils avaient pillé dans les caves des Tuileries, où plusieurs restèrent morts d'intempérance. A l'exception de quelques hommes ayant une existence avouée et qui s'égarèrent jusqu'à se mêler à cette déplorable lutte, on peut affirmer que la lie de la population parisienne avait seule pris part à l'insurrection. La plupart des passans portaient des rubans tricolores, les uns par engouement, les autres par peur ou par calcul. D'immondes caricatures, des chansons infâmes ou stupides se débitaient de tous côtés; les théâtres, qui se r'ouvrirent au bout de quatre jours, fêtèrent la circonstance par des pièces et des chants empreints du plus lâche cynisme, ou remplis des fanfaronades les plus ridicules.

Durant l'une des premières nuits après l'insurrection, il éclata sur Paris un déluge accompagné d'affreux tonnerres, un des plus violens orages que la capitale ait jamais essuyés.

Cependant, les chefs de l'insurrection n'étaient pas encore sans inquiétude. Les hommes ayant quelque chose à perdre s'étaient réunis et organisés afin d'empêcher la dévastation des propriétés; mais on craignait pour les approvisionnemens. Dix mille hommes d'élite, pleins d'ardeur, avec une trentaine de pièces de canon, et qui pouvaient être rejoints avant peu de jours par des forces égales, étaient réunis à Rambouillet, où le roi s'était porté. Dans ces circonstances, ceux qui dirigeaient et payaient le mouvement firent proclamer que l'on marcherait sur Rambouillet, et ramassèrent douze à quinze mille bandits, dont peut-être ils espéraient se débarrasser de la sorte; car il était évident que cette écume, attaquée en plaine, serait exterminée au premier choc par un seul régiment de cavalerie. Ces bandits se mirent en route le 3 août, armés de toutes les manières, les uns à pied, les autres dans et sur des voitures de toutes formes. Leur marche par les Champs-Elysées était un spectacle à la fois hideux et atroce. Mais avant leur arrivée à Rambouillet où les troupes se réjouissaient d'avance d'en faire justice, regrettant seulement de n'avoir pas des ennemis plus dignes d'elles, le roi, d'ailleurs indignement trompé par de faux rapports, avait cédé aux mêmes scrupules d'après lesquels Louis XVI, son infortuné frère, par crainte de l'effusion du sang, ouvrit la carrière à une révolution qui en inonda le monde. Charles X abdiqua et prit la route de l'exil, laissant l'insurrection parisienne tout étonnée de son triomphe.

Voilà dans toute la simplicité et dans toute la vérité des événemens, comment s'accomplit cette révolution à laquelle nous devons clore ce résumé des principaux faits politiques dont Paris a été le théâtre. Ce qui s'est passé depuis n'appartient pas encore à notre libre jugement. C'est de l'histoire qui se fait : quelque jour on l'écrira.

DEUXIÈME PARTIE.

HISTOIRE MONUMENTALE

DE PARIS.

De toutes les villes de l'Europe, Paris est une de celles qui renferment le plus de monumens remarquables. A chaque pas on s'y trouve face à face avec un de ces muets témoins des siècles passés qui nous rappellent des temps de désastres ou de gloire. Les étrangers, les habitans des provinces entreprennent de longs voyages pour les voir, s'arrêtent devant eux, les contemplent et les admirent; les Parisiens seuls passent chaque jour auprès de ces *trésors*, sans leur accorder un coup d'œil. L'habitude de la possession, ainsi qu'il arrive pour la plupart des jouissances de la vie, les a désenchantés, et ils sont presque surpris d'entendre vanter avec enthousiasme les merveilles qui les entourent. Ce qu'il y a de certain, c'est que les trois quarts des Parisiens ne connaissent pas Paris : une histoire pittoresque des principaux monumens de la capitale de la France, peut donc leur offrir un intérêt au moins aussi vif qu'aux étrangers, en réveillant leur curiosité et en leur donnant envie de juger par eux-mêmes du nombre et de la valeur de leurs richesses.

Parmi les nombreux monumens que le temps et surtout les révolutions ont détruits, il en est plusieurs qui ont une grande importance, soit sous le rapport artistique, soit sous le rapport historique. C'est par eux que nous commencerons cette revue.

§ 1er.

Monumens détruits.

SAINT-JACQUES-LA-BOUCHERIE.

Lorsqu'il nous arrive de nous trouver en présence d'un de ces grands débris des siècles passés, d'une de ces ruines chancelantes qui, avant de s'écrouler, semblent vouloir survivre encore quelque temps à d'autres ruines pour rendre témoignage de la fragilité des ouvrages humains, nous ne pouvons nous défendre d'un sentiment de mélancolie qui prend sa source dans une triste prévoyance : car nous venons à penser que tous ces édifices pompeux dont nous sommes entourés, que tous ces monumens qui font notre admiration et notre orgueil, doivent se pencher aussi sous le poids des années, et mêler leur poussière à celle des chefs-d'œuvre déjà disparus.

Ces réflexions nous sont venues en contemplant la tour de l'ancienne église de Saint-Jacques-la-Boucherie qui s'élève maintenant muette et solitaire. Il y a déjà long-temps que l'édifice dont elle faisait partie a cédé la place à un marché public : comme à Jérusalem les *vendeurs* ont envahi le temple. Il nous serait difficile de déterminer l'époque où l'église de Saint-Jacques-la-Boucherie fut fondée. Plusieurs savans ont publié à ce sujet des dissertations contradictoires, et ainsi qu'il arrive presque toujours en pareil cas, les ténèbres n'ont fait que s'épaissir de plus en plus. Ce qu'il y a de certain, c'est qu'au douzième siècle il existait une chapelle bâtie sur l'emplacement de *Saint-Jacques-la-Boucherie*. Cette chapelle fut, à ce que l'on croit, donnée par Ponce, abbé de Cluni, aux religieux de l'abbaye de Saint-Martin-des-Champs, et bientôt après érigée par eux en paroisse. Plus tard on lui donna le nom de Saint-Jacques-la-Boucherie (*ecclesia Jacobi de carnificentiâ*), à cause de son voisinage de la grande boucherie et de la multitude de bouchers dont elle était environnée. On pense bien que cette église, qui n'avait été d'abord qu'une simple chapelle, devint bientôt trop petite pour contenir le nombre des fidèles qui s'y rendaient. On fut donc obligé de l'agrandir par des constructions qui, venues ainsi après coup et à mesure que la population du quartier devenait plus considérable, ne pouvaient pas être fort régulières; aussi Saint-Jacques-la-Boucherie ne fut jamais cité comme un édifice remarquable sous le rapport de l'architecture. La tour seule qui nous reste était digne d'attirer les regards des connaisseurs et des artistes.

Toutes les additions faites successivement au bâtiment primitif, se continuèrent jusqu'au commencement du seizième siècle. La tour, qui est remarquable par son élévation et par la beauté de son travail, ne fut terminée que sous le règne de François Ier, un siècle et demi environ après la construction du petit portail que le célèbre Nicolas Flamel avait fait élever à ses frais en 1399; aussi retrouvait-on la figure du prétendu alchimiste et celle de Pernelle sa femme, reproduites dans l'intérieur de l'édifice, sur un pilier près de la chaire et sur la porte dont ils avaient fait présent à l'église.

Ainsi que nous l'avons dit plus haut, Saint-Jacques-la-Boucherie n'était remarquable ni par son architecture ni par ses ornemens intérieurs; deux ou trois tableaux peints par des artistes peu célèbres, un Christ en bois sculpté par Jacques Sarrazin, le tombeau de Nicolas Flamel; voilà à peu près toutes ses richesses, et sans la tour qui en reste, nous n'en aurions pas fait mention.

Cette église était une de celles qui possédaient le plus de priviléges; elle jouissait du droit d'asile, droit qui ne fut aboli que sous Louis XII. Sa juridiction paroissiale s'étendait jusqu'au grand Châtelet, et les différentes confréries de la ville s'y assemblaient avant qu'elles eussent eu chacune leur paroisse.

LE TEMPLE.

A cette époque d'enthousiasme religieux et de ferveur naïve, où les peuples chrétiens s'élançaient aux cris de *Dieu le veut!* vers la Palestine, afin de reconquérir la ville sainte et le tombeau de Jésus-Christ, un ordre, moitié religieux, moitié militaire, fut créé pour la défense des pélerins qui se dirigeaient en foule vers les lieux consacrés par la présence du rédempteur. Cet ordre ne tarda pas à acquérir des richesses considérables et une influence extraordinaire; ses membres, appelés Chevaliers du Temple, parce qu'ils s'étaient logés d'abord non loin du temple de Jérusalem, se répandirent bientôt dans toutes les parties de l'Orient accessibles aux chrétiens, et vinrent enfin vers l'année 1128 établir à Paris le siége de leur puissance, qu'ils exercèrent jusqu'au quatorzième siècle, époque du célèbre jugement qui devait leur coûter la vie. Leur maison ou plutôt leur palais occupait au treizième siècle un emplacement si considérable, que, dans plusieurs actes du temps, il est appelé la *Ville-Neuve-du-Temple*. Ses bâtimens étaient plus magnifiques que ceux des habitations royales, puisque Henri III, roi d'Angleterre, le choisit pour sa demeure, dans le séjour qu'il fit à Paris en 1254, de préférence à celui qui lui avait été offert par Saint Louis ; on dit même que Saint Louis, Philippe-le-Hardi et Philippe-le-Bel y avaient leurs trésors. Après la déchéance de l'ordre du Temple, il fut donné aux hospitaliers de Saint-Jean-de-Jérusalem, par arrêt du Parlement en date du mercredi après l'Annonciation de l'année 1313.

Le Temple était bâti dans un vaste emplacement protégé par des murailles crénelées que fortifiaient de grosses tours ; il renfermait de nombreux appartemens, des cours, des jardins, une chapelle, etc.; en 1566 le grand-prieur de l'ordre des hospitaliers y fit bâtir un hôtel dont l'entrée donnait sur la rue du Temple. Cet hôtel fut réparé en 1720 et 1721 par les soins du chevalier d'Orléans ; et plus tard le prince de Conti, mort en 1776, l'agrandit encore en y ajoutant de nouveaux bâtimens. Ce qu'il y avait de plus remarquable dans le Temple, c'était les tours; elles formaient un ensemble imposant, qui se composait d'une tour carrée, flanquée de quatre tours rondes et accompagnées du côté du nord d'un massif surmonté de deux autres tourelles moins élevées. La grosse tour du milieu avait été construite en 1306 par *Jean-le-Turc*, commandeur de l'ordre des Templiers; ses murs avaient neuf pieds d'épaisseur et sa hauteur était de cent cinquante pieds; on y avait à différentes époques établi des dépôts d'armes et renfermé quelques prisonniers d'état. L'infortuné Louis XVI y fut conduit aux jours sanglans de la révolution, et n'en sortit que pour aller à l'échafaud. Cette tour et la plus grande partie des bâtimens n'existe plus aujourd'hui. L'église, dédiée à la Vierge, a été également démolie; cette église, dont l'architecture annonçait qu'elle avait été construite au treizième siècle, était appelée Sainte-Marie-du-Temple. Les chevaliers de l'ordre de Saint-Jean qui mouraient à Paris et aux environs y étaient inhumés, et pour qu'ils fussent ensevelis dans un autre lieu, il était nécessaire que leurs parens obtinssent une dispense du chapitre; l'église de Sainte-Marie-du-Temple possédait quelques vitraux attribués à Albert Durer, qui faisaient l'admiration des connaisseurs.

L'enceinte du Temple renfermait dans les derniers temps un grand nombre de logemens habités par des personnes de différentes classes; comme on ne pouvait y être atteint par les poursuites de ses créanciers, on doit bien penser qu'il n'y avait presque jamais d'appartemens vides. Ce fut là que Chaulieu donna ces fameux soupers du Temple, illustrés par la présence de La Fare, Chapelle et de plusieurs autres écrivains connus par la gaîté, la grâce et la finesse de leur esprit. De tous les bâtimens du Temple, il ne reste que l'hôtel du grand-prieur qui a été transformé en un couvent occupé par les religieuses de *l'adoration perpétuelle du Saint-Sacrement*.

LE FOR-L'ÉVÊQUE.

Cet édifice eut une singulière destinée : commencé pour des évêques, il finit par servir de prison à des acteurs. C'est ainsi que dans la plupart de nos souvenirs le sacré vient se mêler au profane. Le For-l'Évêque (*forum episcopi*) fut construit, à ce que l'on pense, dans le douzième ou treizième siècle, et servit de tribunal aux évêques de Paris, qui alors avaient le droit d'exercer une juridiction particulière, jusqu'en 1674, année où Louis XIV fit transférer par un édit le tribunal de l'évêque au Châtelet, ainsi que les autres cours de justice. Jean François de Gondi, premier archevêque de Paris, l'avait rebâti presque en entier, ainsi qu'on pouvait l'apprendre par une inscription placée sur la porte du côté du quai de la Mégisserie. Cependant les parties les plus remarquables avaient été conservées; car on admirait encore, en 1780, une porte du treizième siècle qui donnait sur la rue Saint-Germain-L'Auxerroi, et dont les sculptures étaient des plus curieuses.

Ainsi que nous l'avons dit plus haut, le For-l'Évêque changea de destination en 1674; il fut transformé en une prison où l'on renfermait les détenus pour dettes et les comédiens qui avaient manqué au public.

LA BASTILLE.

En l'année 1369, Hugues Aubriot, prévôt de Paris, fit élever, d'après les ordres de Charles V, une forteresse destinée à protéger la ville du côté de la porte Saint-Antoine contre les attaques des Anglais qui menaçaient d'envahir la France. Cette forteresse, qui prit le nom de Bastille, se composait d'un bâtiment ou château fortifié de huit tours rondes, dont quatre du côté de la ville, savoir : 1° *la tour du Puits;* 2° *la tour de la Liberté;* 3° *la tour de la Bertaudière;* 4° *la tour de la Bassinière,* et quatre du côté du faubourg, savoir: 1° *la tour du Coin;* 2° *la tour de la Chapelle;* 3° *la tour du Trésor;* 4° *la tour de la Comté.* Elle était entourée d'un fossé de dix à quinze toises de largeur et de six de profondeur, bordé d'un mur auquel étaient adossées plusieurs maisons particulières. On y ajouta en 1553 plusieurs constructions nouvelles qui furent faites aux frais des propriétaires des différentes maisons de Paris. La Bastille fut encore agrandie et réparée en 1634; mais ce ne fut qu'en 1761 que M. Phelypeau de Saint-Florentin, alors ministre, fit construire le bâtiment où devaient être logés par la suite les officiers de l'état-major.

« La principale porte par laquelle on entrait à la Bastille, dit une description composée dans le temps où cet édifice ne venait que d'être démoli, était ouverte à l'extrémité de la rue Saint-Antoine; à droite étaient des casernes d'invalides; on voyait plus loin une petite place vis-à-vis de laquelle était située, à gauche, la première porte d'entrée du château. Cette porte était défendue par un pont-levis, appelé *le pont-levis de l'avancée;* elle introduisait dans la cour du gouverneur, bordée à

8*

droite par l'hôtel du gouvernement, au fond par une terrasse qui dominait les fossés de la ville; à gauche étaient les fossés de la Bastille et le pont qui conduisait à la forteresse même. Au bout de ce pont, construit en pierres, on trouvait deux ponts-levis, l'un pour les gens de pied, l'autre pour les voitures. On parvenait ensuite par une voûte sombre et gothique dans la grande cour qui, divisée en deux par le bâtiment élevé en 1761, portait d'un côté le nom de *Cour du Puits*. »

Lorsque la Bastille ne put plus servir de défense à Paris, elle fut transformée en prison d'état, et sur les murailles de ses cachots furent inscrits les noms les plus célèbres. Ce fut à la Bastille que le surintendant Fouquet vint pleurer ses prodigalités et son fol orgueil, et que Pélisson expia sa reconnaissance. Plusieurs de nos rois confièrent aussi leurs trésors à ses remparts solides, et à la mort de Henri IV, on y trouva une somme de trente-six millions, fruit des épargnes de ce grand prince.

Ce fut des remparts de la Bastille que Mademoiselle, fille de Gaston, duc d'Orléans, fit tirer sur les troupes du roi ce fameux coup de canon si célèbre dans l'histoire de la Fronde. Plusieurs auteurs ont prétendu qu'elle avait mis elle-même le feu à la pièce. Nous avons dit dans la première partie de ce livre comment la Bastille fut prise et démolie en 1789.

On fit, avec les pierres provenant de cette forteresse, un grand nombre de petites copies de cet édifice, qui furent envoyées comme autant de trophées dans tous les départements, et l'on publia des gravures qui représentaient les cachots de la Bastille, remplis de squelettes, d'ossemens, d'instrumens de torture, et de prisonniers attendant la mort dans des cages de fer. Or, comme on l'a vu ailleurs, la Bastille ne renfermait, en 1789, que sept détenus, dont pas un détenu politique.

LE GRAND ET LE PETIT CHATELET.

Plusieurs auteurs attribuent la fondation de ces deux édifices à Jules-César, d'autres à Julien l'apostat; comme ces opinions ne reposent sur aucune base solide, nous sommes plutôt portés à penser que le grand et le petit Châtelet furent construits par les rois de la première race pour défendre l'entrée des deux seuls ponts qui existassent alors à Paris.

Le grand Châtelet était situé sur le terrain de la place qui porte encore son nom, à l'extrémité du Pont-au-Change ; on n'a aucune notion sur la disposition primitive de ses bâtimens qui furent abattus et reconstruits plusieurs fois.

Ce qu'il y a de certain, c'est que le prévôt de Paris y tenait sa juridiction de temps immémorial, et *y représentait*, ainsi que le dit le grand coutumier de France, *la personne du roi au fait de la justice.*

Ce fut aussi dans le grand Châtelet que Henri II établit en 1551 le siége d'un des *présidiaux*, qu'il créa dans les principales villes du royaume ; ce siége était composé de vingt-quatre conseillers. En 1684, Louis XIV, ayant opéré de grands changemens dans l'exercice de la justice en France, la cour du grand Châtelet comprit plusieurs juridictions, savoir : la prévôté et la vicomté, le baillage ou la conservation, et le présidial.

Les officiers du Châtelet étaient fort nombreux et assistaient en corps aux processions et cérémonies dans lesquelles ils avaient, immédiatement après les cours supérieures, le pas sur les autres compagnies.

En 1460, les bâtimens du grand Châtelet menaçant ruine, Charles VII ordonna que la juridiction fût transportée au Louvre où elle resta jusqu'en 1506, époque à laquelle les réparations faites à l'ancien édifice permirent aux magistrats de reprendre leurs séances. En 1657, de nouveaux travaux furent jugés nécessaires : enfin le Châtelet fut reconstruit entièrement par ordre du roi en 1684, et abattu définitivement à l'époque de la révolution.

Les cachots du grand Châtelet sont célèbres dans l'histoire par les atrocités et les massacres qui s'y commirent à l'époque de la Ligue et du temps de la faction des Armagnacs.

Quant au petit Châtelet, cette forteresse s'élevait au bout du Petit-Pont dont elle défendait l'entrée. Ayant été détruite par une inondation en 1296, elle fut rebâtie en 1369, et Charles VI en donna en 1402 la jouissance au prévôt de Paris, qui ne dédaigna pas d'y venir demeurer, quoiqu'une construction triste et massive en dût rendre le séjour peu agréable. Plus tard, elle servit de prison et fut démolie quelques années avant la révolution pour céder la place à de nouveaux bâtimens que l'on ajoutait à l'Hôtel-Dieu.

HOTEL DE NESLE.

Cet hôtel, rendu célèbre dans l'histoire par la tour qui en faisait partie, avait été bâti sur le terrain qu'occupent maintenant les rues de Nevers, d'Anjou, Guénégaud et le palais de l'Institut. Il fut vendu en l'année 1308 par son propriétaire, Amauri de Nesle, à Philippe-le-Bel, moyennant la somme de 5000 livres, et appartint aux rois de France jusqu'au règne de Charles V, qui en fit don au duc de Berri. L'hôtel de Nesle passa ensuite dans plusieurs mains, et changea même deux fois de nom jusqu'au règne de Louis XV, où le corps municipal en fit l'acquisition, avec le projet de construire à sa place un lieu d'assemblée plus commode que l'Hôtel-de-Ville; mais ce plan ne fut pas mis à exécution, et ce fut l'hôtel des Monnaies qui s'éleva sur une partie de l'emplacement de l'ancien hôtel de Nesle.

La tour qui, selon certaines chroniques, servit de théâtre aux débauches et aux crimes des épouses des trois fils de Philippe-le-Bel, était située sur une pointe de terre, avancée dans la Seine, qui en baignait le pied ; elle était haute de cent vingt pieds et de forme circulaire. Une seconde tour, moins forte, mais plus élancée, s'élevait immédiatement à côté d'elle et contenait l'escalier qui y conduisait. La Tour de Nesle portait dans l'origine le nom de *Philippe Hamelin* ; elle ne prit que plus tard celui de l'hôtel dont elle faisait partie.

§ 2.—*Monumens qui existent encore.*

NOTRE-DAME.

Disons-le, la puissance de la religion se manifeste avec une irrésistible autorité dans ces grandes basiliques sur lesquelles le moyen-âge imprima en passant le sceau de son incomparable génie, dans ces majestueuses cathédrales où l'on n'entre qu'en s'inclinant, où l'ame la plus fière s'humilie, parce que tout, jusqu'à l'air qu'on y respire, y semble empreint de la sainteté de Dieu. Ce qui donne aux églises gothiques un avantage incontestable sur les autres, c'est que la pensée s'y trouve, pour ainsi dire, à l'aise; elle peut errer librement et s'égarer sans danger sous ces arceaux imposans, sous ces voûtes sonores, toujours sûre de s'y retrouver face à face avec l'Eternel; tandis que dans ces temples grecs que l'impuissance de l'architecture moderne ne craint pas d'offrir à la Divinité, l'homme reste ce qu'il était avant d'en avoir franchi le seuil; il y entre la tête haute, les parcourt avec indifférence, en critique ou en blâme froidement l'ordonnance et les dispositions et en sort sans se douter qu'il est chrétien.

Notre-Dame de Paris est un des beaux monumens gothiques que possède la France. Il nous est prouvé, par les témoignages les plus respectables, que ce fut Maurice de Sully, évêque de Paris, sous le règne de Louis VII, qui le premier eut l'idée d'élever au Seigneur un temple digne de lui. Jusqu'à l'année 1160, où il commença cette vaste entreprise, l'office divin avait été célébré dans deux églises fort rapprochées l'une de l'autre, puisque c'est sur leur emplacement que la cathédrale a été bâtie. L'une portait le nom de Notre-Dame, l'autre celui de St.-Etienne. La première fut abattue d'abord, la seconde ne le fut que cinquante ans plus tard, et à cette époque, l'édifice était encore loin d'être achevé, puisque sa construction coûta trois siècles de travaux continus; car ce ne fut que dans le quatorzième siècle que le portail et les chapelles du côté du Nord furent complètement terminés. Cependant il y avait déjà long-temps que les fidèles étaient admis dans la nouvelle basilique et venaient y remplir leurs devoirs religieux; il avait suffi, pour qu'on leur en ouvrît les portes, que le sanctuaire fût construit et les autels mis en leur place, ce qui avait été accompli vingt-deux ans après que Maurice de Sully eut posé la première pierre.

Une chose singulière, c'est que la dédicace solennelle de Notre-Dame n'a jamais été faite; il faut attribuer cet oubli d'un usage consacré par les lois de l'église aux troubles qui agitaient la France, à l'époque de son achèvement. Quoi qu'il en soit, elle devint bientôt l'objet de la vénération du peuple et des rois, qui eurent de tout temps pour elle une prédilection singulière, et qui ne manquèrent jamais d'y venir implorer Dieu pour le succès de leurs armes, ou le remercier de leurs victoires. Le roi Jean, délivré de la longue captivité qu'il avait subie en Angleterre, se rendit à Notre-Dame avant même d'entrer dans son palais. Philippe-le-Bel, persuadé que c'était à la seule protection de la Vierge qu'il devait la victoire remportée sur les Flamands en 1304, à Mons-en-Puelle, fit don à la cathédrale d'une rente de cent livres et de sa statue équestre qui fut placée près du dernier pilier de la nef, du côté de la chapelle de la Vierge (1). C'est ainsi que *Notre-Dame* s'enrichit d'une multitude d'ornemens, de tableaux et de vases précieux. Des princes, des chanoines, de simples bourgeois, par piété, par générosité ou par reconnaissance, lui firent des offrandes considérables. On remarquait devant l'autel de la Vierge un magnifique lampadaire d'argent; il se composait de sept lampes, dont six avaient été données par Louis XIV et la reine Marie-Thérèse d'Autriche; la septième était un présent de la ville de Paris, qui l'avait offerte pour s'acquitter d'un vœu imprudent fait par les Parisiens lors de la captivité du roi Jean. Ils avaient promis de four-

---

(1) Cette statue a été détruite pendant la révolution : Philippe-Auguste était représenté tel qu'il était lorsque les Flamands pénétrèrent jusqu'à sa tente, c'est-à-dire le casque en tête et armé seulement de l'épée.

nir chaque année à la cathédrale, si le ciel voulait les délivrer des maux qui pesaient sur eux, une bougie de la longueur du tour de la ville. Les accroissemens considérables que prit Paris, les empêcha bientôt de remplir un engagement aussi téméraire, et ils crurent pouvoir alors remplacer par une lampe en forme de vaisseau, la bougie, qu'il leur devenait impossible de fabriquer consciencieusement. La salle du trésor était remplie d'objets précieux qui devinrent, lors la révolution, la proie des pillards.

Sous le rapport de l'architecture, Notre-Dame est, ainsi que nous l'avons dit plus haut, un des édifices les plus remarquables, non-seulement de Paris, mais encore de toute la France. La façade, qui date du règne de Philippe-Auguste, est percée de trois portes surmontées jadis de vingt-sept statues de nos Rois, et enrichie de figures sculptées de toutes les dimensions et de toutes les formes. Lorsque l'on vient à penser combien cette seule façade a dû coûter de peines, on rend un hommage involontaire à la persévérance des hommes du temps passé. De nos jours, lorsque la construction d'un monument dure dix ou tout au plus vingt années, on se soulève, on s'indigne. Jadis une génération ne craignait pas de poser la première pierre d'un édifice dont elle ne devait pas voir la fin, qui demandait pour s'élever l'immense délai de trois siècles ; c'est qu'alors on songeait à l'avenir et l'on croyait que si le corps était périssable, l'ame du moins était immortelle.

Ce qu'il y a d'extraordinaire dans les sculptures qui décorent la façade de Notre-Dame, ainsi que toutes les autres parties de l'édifice, c'est leur bizarrerie et leur étonnante multiplicité ; ici c'est Jésus-Christ représenté sous une infinité d'aspects avec les apôtres, les prophètes, les évangélistes et leurs symboles ; là c'est le jugement dernier, la Vierge, les trois mages, des rois, des évêques, des figures d'animaux qui servent d'allégories aux péchés capitaux ; plus loin la mort de la mère de Dieu, son couronnement, les prophètes qui l'ont annoncé, etc. On a peine à se retrouver dans ce pêle-mêle d'ornemens capricieux, de statuettes bizarres qu'il est non moins difficile d'interpréter que de décrire. On dirait une infinité de pièces de monnaies de tous les pays, de toutes les époques, jetées çà et là par la main d'un prodigue.

« La forme du plan de cette église, dit un des plus savans auteurs qui ont écrit sur Paris, est une croix latine, dont les principales dimensions dans œuvre, sont, pour la longueur, soixante-cinq toises, pour la largeur vingt-quatre; la hauteur, sous clef de la voûte, est de dix-sept toises et deux pieds... La façade est terminée par deux grosses tours hautes de deux cent-quatre pieds; elles sont carrées et offrent une largeur de quarante pieds sur chaque dimension; l'intervalle qui les sépare étant égal à leur diamètre, il en résulte que la façade entière du portail est de cent vingt pieds : on communique de l'une à l'autre tour par deux galeries hors d'œuvre... La nef et le chœur sont accompagnés de doubles ailes voûtées au-dessus desquelles s'élèvent des galeries spacieuses et qui règnent tout à l'entour de l'édifice; toutes ces constructions sont soutenues par cent-vingt piliers et cent-huit colonnes. On compte encore dans ce vaste contour quarante-cinq chapelles. »

Notre-Dame a, dans une époque fatale, partagé le sort des autres églises. Elle a été dépouillée de ses richesses et indignement dévastée; le maître-autel, qui avait été construit par les ordres de Louis XIV, n'a pas échappé aux profanations des vandales. On fut obligé de le refaire entièrement aux jours où la religion put ressaisir une partie de son empire, et il ne reste de l'ancienne magnificence que le groupe de la mère de douleur exécuté par Coustou.

Les vitraux de Notre-Dame sont admirablement conservés et brillent de tout l'éclat de ces éblouissantes couleurs, qui ajoutent encore par leurs mystérieux reflets à la sainteté d'un édifice.

LE LOUVRE.

Passons du séjour de la majesté divine à celui de la majesté humaine.

L'origine du Louvre se perd dans l'obscurité des premiers siècles de notre histoire. Quelques auteurs prétendent qu'il existait au temps du roi Dagobert; mais rien ne justifie cette assertion. Toujours est-il que des documens dont on peut garantir l'exactitude constatent que sous la seconde race, il était déjà considéré comme habitation royale. On pense qu'il fut vers la fin de cette époque détruit par les Normands, puis reconstruit dans les commencemens de la domination capétienne.

« Les rois, dit Saint-Foix, y tinrent alors des chiens, des chevaux, des piqueurs et des équipages de chasse; mais ils ne faisaient qu'y passer et s'y rafraîchir; jamais ils n'y ont été à demeure. » On voit, d'après cela, que c'est à tort que l'on a attribué la fondation du Louvre à Philippe-Auguste; ce prince ne fit que le réparer et y ajouter quelques constructions nouvelles.

Le Louvre avait été primitivement destiné à servir tout à la fois de palais aux princes régnans, et de forteresse pour défendre Paris contre les attaques extérieures. Aussi était-il flanqué de tours qui portaient différens noms: c'était la tour *neuve*, élevée sous le règne de Philippe-Auguste, et qui s'appela également depuis tour *du Louvre* et *grosse tour*, dans laquelle les grands vassaux venaient prêter hommage aux rois de France; heureux quand ils n'y entraient pas pour un autre motif, car elle servait aussi de prison d'état.

La tour *de la librairie*, ainsi appelée, parce qu'elle renferma la bibliothèque de Charles V, bibliothèque composée de neuf cents volumes, nombre extraordinaire pour le temps; la tour *de l'artillerie*, où étaient établis les arsenaux du Louvre; la tour *de Windal;* la tour du Bois, élevée par les ordres de Charles VI et détruite peu de temps après; la tour de l'*écluse*, et enfin la tour *neuve du pont des Tuileries*.

Charles V et Charles VI consacrèrent des sommes considérables aux embellissemens qui furent faits par leurs ordres à cet édifice ; cependant ils ne l'habitèrent pas, et jusqu'au règne de Charles IX, il ne servit de demeure qu'aux princes étrangers qui visitaient la France. N'étant pas ainsi d'une utilité journalière, il fut tellement négligé, qu'au commencement du XVIe siècle il tombait déjà en ruines ; ce ne fut qu'en 1539 que François Ier, surnommé à juste titre le *restaurateur des arts et des lettres*, le fit disposer convenablement pour recevoir l'empereur Charles-Quint. Les réparations provisoires qui furent exécutées dans cette circonstance donnèrent l'idée au roi de remplacer les anciens bâtimens par un palais digne de lui et de ses descendans. Pierre Lescot (1), célèbre architecte et ingénieur de Cligny, fut chargé de la direction de cet immense ouvrage. Ce fut sur ses plans que fut construite la partie de

---

(1) On cite à ce sujet une anecdote attribuée faussement au Bernin. Après que Pierre Lescot eut présenté ses plans au roi, François Ier se défiant, par un reste de préjugé, du mérite d'un artiste français, demanda à l'Italien Sébastien Berlio, des dessins pour le même but. Mais celui-ci répondit noblement qu'on ne pouvait rien faire de mieux que de suivre les inspirations de son rival.

l'édifice que l'on a appelée depuis *le vieux Louvre.*

Les travaux furent continués sous le règne de Henri II et obtinrent de magnifiques résultats; car ils étaient dirigés et exécutés par deux hommes d'un rare génie, pierre Lescot et Jan Goujon, ce sculpteur dont les ouvrages si naïfs et si pleins de grâce font l'admiration des artistes modernes. Jean Goujon, de concert avec son associé, décora de plusieurs bas-reliefs la façade du vieux Louvre, et prodigua surtout toutes les immenses ressources de son génie à cette fameuse salle des cent-suisses, qui devait recevoir tant de destinations diverses. Les troubles religieux qui eurent lieu sous le règne des successeurs de Henri II et la guerre civile qui ensanglanta le commencement de celui de Henri IV, ne permirent pas à ce prince de penser à la continuation du Louvre, dont les appartemens avaient été déjà occupés par Catherine de Médicis qui s'y réfugia après la mort de son royal époux, avec son jeune fils Charles IX; et quelque temps après, par les états de la ligue qui s'y réunissaient pour délibérer. Ce fut dans ce palais que Henri IV fut transporté le jour où il succomba sous le poignard de Ravaillac.

Louis XIII et le cardinal de Richelieu songèrent à terminer la façade commencée par Pierre Lescot. Le travail nécessaire à son achèvement fut confié par le cardinal à Jacques Lemercier, architecte, qu'il protégeait. Lemercier suivit, pour la partie qui est au-delà du pavillon du milieu, les dessins de son prédécesseur; mais il s'en écarta tout-à-fait dans la construction de ce pavillon, et cet excès d'indépendance n'obtint que des résultats peu satisfaisans. Ce fut également sous la direction de cet architecte que fut élevé le vestibule orné de colonnes, qui est au bas de ce pavillon, ainsi qu'une des ailes qui accompagnent le dôme du milieu. Au reste, la cour n'habita pas souvent le Louvre du temps de Louis XIII. Elle se tint presque toujours à Saint-Germain ou à Fontainebleau.

Louis XIV, qui voulut imprimer le sceau de sa grandeur et de sa magnificence sur tout ce qui fut fait sous son règne, donna ordre de continuer les constructions du Louvre. Comme déjà l'on avait dépassé les limites des premiers plans, plusieurs nouveaux projets furent présentés; mais Colbert, alors surintendant des bâtimens, les trouvant tous trop mesquins et peu en rapport avec les idées qu'il avait conçues, on fit venir d'Italie le chevalier Bernin, sculpteur et architecte distingué qui jouissait, à Rome, d'une réputation méritée, mais dont l'amour-propre égalait au moins le talent. Les honneurs exagérés qu'on lui prodigua à son arrivée en France excitèrent à un si haut point la jalousie des artistes, ses rivaux, qu'ils formèrent contre l'orgueilleux étranger une de ces cabales formidables auxquelles il est si difficile de résister, et finirent par le contraindre, en l'abreuvant de contrariétés de tous genres, à demander lui-même son congé, que le roi ne lui accorda qu'avec peine et en le comblant des témoignages de son estime. Après son départ, on abandonna les projets qu'il avait présentés et qui, cependant avaient été approuvés par Louis XIV, pour suivre ceux de Claude Perrault, médecin et architecte, à qui nous devons la magnifique colonnade qui fait face à Saint-Germain-l'Auxerrois; elle fut terminée en 1670. Les travaux se continuèrent pendant la fin du règne de Louis XIV et sous celui de Louis XV, où toute la partie de la cour du Louvre qui forme l'angle depuis le vestibule de la colonnade jusqu'à celui de la rue du Coq fut achevée, toujours d'après le système de Perrault. Un architecte, nommé Gabriel, composa les ornemens du troisième ordre qui enrichissent cette partie de l'édifice, ornemens qui ne valent pas à beaucoup près les sculptures exécutées par Pierre Lescot.

Ce qu'il y a de remarquable, c'est que le

Louvre, dont la fondation remonte au temps de Philippe-Auguste, est encore loin d'être achevé.

LE PALAIS DE JUSTICE.

Si l'on ne peut pas regarder le Palais de Justice comme le plus ancien des monumens de Paris, au moins peut-on dire que sur son emplacement s'est élevé, suivant toute apparence, le premier édifice public bâti dans cette ville. César nous apprend lui-même qu'il avait transporté le conseil souverain des Gaules dans *Lutèce*, d'où il faut conclure, très vraisemblablement, que le conquérant romain construisit, dans la Cité où se renfermait alors *Lutèce*, un édifice destiné à la résidence de ce conseil. Il est probable que ce fut au même lieu sur lequel se trouve maintenant le Palais.

Quoique les rois de la première race habitassent ordinairement, pendant leur séjour à Paris, les Thermes de Julien, il est certain qu'il existait une maison royale dans la Cité. Un passage de Grégoire de Tours nous l'atteste ; nous y voyons que Childebert et Clotaire voulant se défaire des petits-fils de Clovis, les firent demander à Clotilde leur grand-mère, qui *demeurait alors dans la ville*, c'est-à-dire dans l'île, dans le Paris primitif. D'autres passages des anciens historiens viennent encore à l'appui de cette opinion.

Les maires du Palais qui s'emparèrent de l'autorité sous les derniers rois de la première race, agrandirent et réparèrent successivement le Palais de la Cité. Nous ne trouvons plus ensuite de documens historiques sur cet édifice, jusqu'au commencement de la troisième race, où Hugues-Capet abandonna définitivement les Thermes pour se fixer au Palais. Son fils Robert le fit rebâtir entièrement. Quoique Philippe-Auguste eût élevé l'habitation royale du Louvre, Saint Louis, Philippe-le-Hardi, Philippe-le-Bel, continuèrent de demeurer au Palais. Saint-Louis y ajouta la Sainte Chapelle; Philippe-le-Bel le fit reconstruire presque complètement; les travaux furent achevés en 1313. Le Palais consistait alors en de grosses tours, communiquant entre elles par des galeries, et dont deux subsistent encore sur le quai de l'Horloge, offrant avec leur forme ronde, leur toit pointu, leur couleur noirâtre, un débris curieux du vieux Paris.

Il y avait un jardin, appelé Jardin du Roi, qui, du pied du Palais, s'étendait vers l'Occident jusqu'à l'extrémité de la Cité, moins vaste jadis qu'elle ne l'est de nos jours, puisqu'un bras de la rivière, coulant sur l'emplacement de la rue du Harlay, la séparait des deux petites îles que l'on a réunies plus tard à l'île principale. Ce jardin, du temps de Charles V, était encore d'une simplicité extrême comme tous les anciens jardins royaux. Il avait une haie pour enceinte et renfermait des prés dont on récoltait le foin, des vignes qui fournissaient du vin, des légumes que l'on cultivait pour la table du roi. Les appartemens du château étaient très vastes, mais il n'y avait dans l'ameublement aucune recherche de luxe, ni même de commodité et d'agrément. Le jour n'y pénétrait que par des fenêtres étroites, profondes, garnies de barreaux comme celles d'une forteresse, et dont les vitraux étaient chargés d'images de saints, de devises, d'armoiries coloriées. Charles V quitta le Palais pour habiter l'hôtel Saint-Paul. Après lui, Charles VI revint plusieurs fois habiter le Palais où nous voyons que François Ier résidait en 1531, puisqu'en cette année il rendit le pain bénit à Saint-Barthélemy, église voisine, comme premier paroissien. Depuis cette époque, le Palais fut entièrement consacré aux séances du Parlement et autres cours de justice qui, jusqu'alors, avaient partagé cette résidence avec nos rois, premiers magistrats eux-mêmes.

Les voûtes de la grande salle étaient jadis en bois et soutenues par des piliers de même matière, ornés de dorures sur fond azuré; entre ces piliers on voyait les statues de tous les rois de France depuis Pharamond, accompagnées d'inscriptions qui indiquaient le nom, la date de la mort et la durée du règne de chacun d'eux. Dans cette même salle était une immense table de marbre qui servait pour les festins royaux. Par un contraste bizarre, *les clercs de la Bazoche*, prédécesseurs des comédiens modernes, avaient, aux jours de grandes solennités, le privilège de jouer sur cette table, comme sur un théâtre, leurs pièces informes et grossières.

Le 7 mai 1618, un incendie détruisit cette magnifique salle et une grande partie du palais; on construisit alors, sous la direction de l'architecte Desbrosses, la grande salle actuelle, connue également sous le nom de salle des Pas-Perdus. Le 10 janvier 1776, un nouvel incendie consuma plusieurs autres portions du palais : les architectes Moreau, Desmaisons, Couture et Antoine le réédifièrent sur de nouveaux plans, et le Palais de Justice devint tel qu'on le voit à présent. La cour du Palais du côté de la rue de la Barillerie se nommait jadis, et est appelée encore quelquefois *cour du Mai*, à cause de l'usage dans lequel étaient les clercs de la *Bazoche*, d'y planter tous les ans, le dernier samedi de mai, en grande cérémonie, un arbre entouré d'armoiries où figuraient trois écritoires. Après avoir abattu l'arbre ou *mai* de l'année précédente, ces clers se formaient en corporation chargée exclusivement de juger les différens qui s'élevaient parmi ses membres. Il y avait même un roi de *la Bazoche*.

LE PALAIS DES THERMES.

Une chose singulière et qui, mieux que toute autre, pourrait servir à prouver l'instabilité de la nature humaine, c'est ce désir capricieux et toujours renaissant qui nous pousse vers des pays lointains, afin d'y chercher un aliment quelconque à notre insatiable curiosité, tandis que nous n'aurions besoin, pour ainsi dire, que de jeter les yeux autour de nous, car il est peu de pays qui soient aussi riches que la France en monumens de tous les genres et de toutes les époques, et Paris en possède, à lui seul, un nombre considérable.

Ainsi, pour pénétrer les secrets de l'architecture romaine, il n'est pas nécessaire d'entreprendre tout exprès le voyage d'Italie. Vous n'avez qu'à vous faire transporter rue de la Harpe, et là, demander le palais des Thermes;

il n'est pas de petit marchand, pas de commissionnaire étendu nonchalamment au soleil, qui ne vous indiquent le vieil édifice témoin du passage de tant de générations diverses.

On ignore à quelle époque le palais des Thermes fut construit; on sait seulement qu'il a été habité par Julien l'apostat, avant même qu'il fût proclamé empereur. Les rois de la première et de la seconde race le choisirent aussi quelquefois pour le lieu de leur résidence; mais il fut abandonné totalement et commença dès lors à tomber en ruines, quand on eut bâti dans la Cité l'édifice appelé *Palais*, qui devait, pendant long-temps, servir de demeure aux chefs de l'état.

Ce ne fut que vers la fin du règne de Louis XVI que l'on sut apprécier le mérite des débris du palais des Thermes restés encore debout en dépit des efforts du temps et de la barbarie des hommes qui ne leur avaient épargné aucune mutilation. On présenta même à cette époque plusieurs projets ayant pour but de restaurer cette belle ruine et de la mettre à l'abri d'une entière destruction, mais la tempête révolutionnaire ne tarda pas à éclater et ne permit plus de penser qu'aux malheurs de la France. Cependant aux jours de la restauration on en revint aux premières idées ; le palais des Thermes fut débarrassé de la maison qui le masquait et couvert d'un toit nécessaire pour le préserver des injures du temps.

Ce qui surprend surtout dans cette construction romaine, c'est sa solidité qui a résisté aux atteintes de tant de siècles, quoiqu'elle ait été édifiée avec les matières les plus simples et les plus communes.

SAINT-GERMAIN-L'AUXERROIS.

Saint-Germain-l'Auxerrois, l'un des plus beaux morceaux d'architecture gothique que Paris ait conservés, offre un vaste champ aux investigations des savans et des antiquaires. Jusqu'à présent les divers auteurs qui ont parlé de cette église n'ont pu se mettre d'accord sur le nom de son fondateur ou même de *ses fondateurs*, car il en est quelques-uns qui attribuent sa construction à Childebert et à la reine Ultrogothe, qui la placèrent, ajoutent-ils, sous l'invocation de Saint-Vincent. Cependant il a été prouvé par l'abbé Le Bœuf que Saint-Vincent n'avait été pour rien dans a fondation de Saint-Germain-l'Auxerrois ; ce qui détruit de fond en comble les bases sur lesquelles s'appuie l'opinion que nous venons de citer. Ce qu'il y a de plus probable, c'est que l'église de Saint-Germain-l'Auxerrois fut élevée par les ordres de Chilpéric Ier, qui voulait y placer le tombeau de Saint-Germain, évêque de Paris. Les partisans de la première assertion citent bien pour en démontrer l'authenticité les deux statues placées sous le porche, qui représentent, assurent-ils, Childebert et la reine Ultrogothe; ce qui est affirmé dans une inscription placée entre elles. Mais il est bon de faire observer que ces deux figures n'ont environ que cinq cents ans d'antiquité, et que l'inscription ajoutée après coup n'a pas plus de trois cents ans de date : d'ailleurs la partie où elle est placée n'a été construite qu'au XIIIe siècle, sous le règne de Philippe-le-Bel.

Quant à l'opinion que nous avons adoptée, elle s'appuie sur un passage du testament de Bertram ou Bertrand, évêque du Mans, dicté dans la vingt-deuxième année du règne de Clotaire, lequel passage assigna une rente pour desservir à perpétuité l'église qui possédait le corps de Saint-Germain, déposé d'abord, dit le testament, *dans l'église de Saint-Vincent, ensuite dans la Basilique nouvelle que le roi Chilpéric venait de faire construire, s'il y était transporté.* En 584, Chilpéric mourut assassiné avant que la nouvelle église ne fût terminée. Au reste, jamais ce pieux édifice ne posséda les restes de Saint-Germain. Les troubles qui signalèrent la sanglante régence de Frédégonde, et ceux dont furent remplis les derniers règnes de la première race ne permirent pas de s'occuper de l'accomplissement du vœu de Chilpéric, et d'ailleurs les religieux de Saint-Vincent attachaient tant de prix à la possession du corps de Saint-Germain qu'ils ne l'auraient pas cédé facilement. Pépin, qui désirait surtout conserver les bonnes grâces du clergé, ne voulut pas blesser une partie de ses membres par un acte d'autorité qui aurait pu avoir des suites fâcheuses, et sanctionna même les prétentions des religieux de Saint-Vincent, en assistant, en 754, avec toute sa famille, à une cérémonie ayant pour but de transférer la dépouille mortelle de Saint-Germain dans le chœur de la grande église de Saint-Vincent, qui unit dès lors dans son titre le nom de St.-Germain à celui de son premier patron. Quant à l'église fondée par Chilpéric, frustrée des droits qu'elle avait sur le corps du saint évêque de Paris, elle n'en conserva pas moins son nom et s'appela Saint-Germain-le-Rond, à cause de sa forme circulaire. Cet édifice subsista jusqu'à l'époque où les Normands vinrent mettre le siège devant Paris. Ils s'en emparèrent et s'en servirent d'abord comme de forteresse, après avoir eu soin de l'entourer d'un fossé. Mais lorsqu'il ne leur fut plus d'aucun secours, ils le détruisirent entièrement avant d'exécuter, en se retirant, le traité honteux pour la France que Charles-le-Gros avait conclu avec eux. Ce fut le roi Robert qui le fit rebâtir sous l'invocation de Saint-Germain-l'Auxerrois pour le distinguer de l'Abbaye de Saint-Vincent, qui n'était plus connue que sous le nom de *Saint-Germain-des-Prés*.

Il y a long-temps qu'il n'existe plus aucune trace des constructions du roi Robert. Ce que l'on voit de plus ancien dans l'architecture de Saint-Germain-l'Auxerrois, date du règne de Philippe-le-Bel. Cette église possédait autrefois un jubé extrêmement remarquable; il avait été élevé d'après les dessins de Pierre Lescot, et les sculptures dont il était enrichi étaient de Jean Goujon. En 1745, ce jubé fut malheureusement démoli afin que le chœur fût ouvert de tous côtés; cette perte est infiniment regrettable.

Le bâtiment de Saint-Germain-l'Auxerrois, tel que nous le voyons aujourd'hui, est l'ouvrage de différens siècles. Le grand portail date du règne de Philippe-le-Bel; le vestibule qui le précède n'a été élevé que du temps de Charles VII. Le chœur paraît avoir été construit dans le quatorzième siècle, et les autres parties de l'édifice n'ont été exécutées que cent ans plus tard.

Saint-Germain-l'Auxerrois renfermait les tombeaux d'un grand nombre de personnages célèbres, mais la plupart de ces monumens funéraires ont été détruits et profanés. Cette belle église avait de tout temps ressenti les effets de la protection immédiate des rois de France, dont elle devint la paroisse, lorsqu'ils se décidèrent à habiter le Louvre. Plusieurs princes y furent baptisés, et la munificence royale l'avait enrichie de tableaux et d'ornemens précieux. Elle possédait aussi une école célèbre qui obtint d'éclatans succès sous les règnes de Charlemagne et de Robert. Son chapitre était un des plus nombreux et des plus éclairés qu'il y eut en France.

Cependant les temps sont bien changés : le 13 février 1831, un service célébré dans Saint-Germain-l'Auxerrois, pour l'anniversaire de la mort du duc de Berry, servit de prétexte à une émeute dans laquelle la vieille église fut pillée, dévastée, mutilée à plaisir. Depuis ce jour, de funeste mémoire, Saint-Germain-l'Auxerrois est fermé, comme si c'était un lieu de réprobation, et les fidèles réclament en vain leur ancienne paroisse. Toutefois, le gouvernement fait espérer que ses portes se rouvriront bientôt.

LE CHATEAU DES TUILERIES.

Cet édifice, qui tire son nom de fabriques de tuiles ou tuileries, situées originairement sur l'emplacement qu'il occupe, ne date que du temps de Catherine de Médicis. Voici les les circonstances auxquelles il doit sa construction.

Au quatorzième siècle, il existait près des Quinze-Vingts un hôtel appelé hôtel des Tuileries, et occupé par Pierre Désessarts et sa femme, qui en firent don à l'hôpital placé non loin de là. Il se trouva qu'environ deux siècles après, Nicolas de Neuville de Villeroy, secrétaire des finances et audiencier de France, possédait sur le terrain de l'hôtel des Tuileries, terrain qui était passé, on ne sait comment, entre ses mains, une maison entourée de vastes jardins, où il eut l'occasion de recevoir la duchesse d'Angoulême, mère de François Ier, qui vint s'y rétablir d'une indisposition passagère. Cette princesse fut si contente de son séjour dans la maison de M. de Villeroy, qu'elle engagea le roi à l'acheter pour en faire un lieu de plaisance. On l'échangea contre le château de Chan-le-Loup, situé près d'Arpajon.

Mais comme l'esprit humain, dans ses fantaisies, se dégoûte facilement des choses qui lui plaisaient le mieux naguère, la duchesse d'Angoulême fit six ans après don de sa nouvelle acquisition à Jean Tiercelin, maître d'hôtel du Dauphin, et à Julie du Trot, sa fiancée, pour en jouir leur vie durant. Cet acte de munificence fut enregistré à la Chambre des comptes, le 23 septembre 1527.

Charles IX ayant fait démolir l'ancien palais des Tournelles, on songea à construire une autre résidence royale, qui fût plus vaste et plus commode. Pour remplir ce but, Catherine de Médicis, jetant les yeux sur l'ancienne maison des Tuileries, décida que le nouveau palais s'éleverait sur son emplacement, qu'elle agrandit encore en achetant les terrains environnans, et les travaux furent commencés au mois de mai 1564, sous la direction de Philibert Delorme et de Jean Bullaut, célèbres architectes du temps. Ils furent d'abord poussés avec activité, mais quel ne dût pas être le désappointement des deux architectes, lorsque Catherine de Médicis leur ordonna tout-à-coup de suspendre l'exécution de leurs plans, parce qu'un astrologue lui avait prédit qu'elle mourrait près de Saint-Germain, et que les Tuileries étant situées non loin de Saint-Germain-l'Auxerrois, elle craignait d'y mourir plutôt que dans aucun autre palais !

Cette idée singulière prévalut jusqu'à la la mort de la Reine-mère, et les discordes civiles ayant empêché Henri III de s'occuper de la continuation des Tuileries, elles furent totalement oubliées, jusqu'au règne de Henri IV, qui fit travailler au nouveau palais et en légua l'achèvement à son successeur.

Ce fut donc sous Louis XIII, que les bâtimens des Tuileries, furent entièrement terminés, d'après les dessins de l'architecte Ducerceau, qui s'écarta considérablement des premiers plans de Jean Bullaut et de Philibert Delorme, indépendance blâmable, dont les ambitieux résultats produisirent les contrastes les plus choquans. Louis XIV s'en aperçut et tâcha de remédier, par des changemens considérables à ce premier vice de construction, mais en dépit de tous les efforts de l'art, le château des Tuileries n'en est pas moins resté défectueux par son irrégularité.

Ce palais renfermait, avant la révolution, une salle de spectacle appelée salle des machines, qui servit de refuge à l'Académie de Musique, lorsque la salle de l'Opéra fut détruite par un incendie en 1763. En 1771, la comédie française succéda dans sa possession à l'opéra, qui alla s'établir dans un autre endroit et y donna ses représentations jusqu'en 1783.

Il n'est personne qui ne connaisse le jardin des Tuileries, et qui n'ait parcouru ses ravissantes allées, où l'on peut trouver, selon son gré, le monde ou la solitude. Cet endroit, cher à tous les âges, n'a pas été toujours ce qu'il est maintenant. Avant que Louis XIV et Le Nôtre eussent employé pour orner le jardin, leur pouvoir, leur génie, il était séparé du château, par une rue qui empiétait considérablement sur son étendue et malgré cela, on est surpris, lorsqu'on apprend par les mémoires du temps, tout ce qu'il contenait. En voici le détail qui est fort curieux : il renfermait un étang, un bois, un écho, une orangerie, un labyrinthe, une volière, une ménagerie, des allées, des parterres, un théâtre, etc. ; toutes choses qui ne pouvaient être que d'un mauvais goût, dans un si petit parc. Il paraît qu'il y avait également au milieu de ce jardin des maisons dont le roi disposait en faveur des artistes qu'il honorait de sa protection ; car, nous trouvons dans les lettres de Nicolas Poussin, peintre célèbre, le passage suivant, que nous nous plaisons à reproduire. Poussin annonce à un de ses protecteurs son arrivée à Paris, et ajoute :

» Je fus conduit le soir, par ordre du roi,
» dans l'appartement qui m'avait été destiné.
» C'est un petit palais, car il faut l'appeler
» ainsi. Il est situé au milieu du Jardin des
» Tuileries. Il est composé de neuf pièces
» en trois étages, sans les appartemens d'en
» bas qui sont séparés : ils consistent en une
» cuisine, la loge du portier, une écurie,
» une serre pour l'hiver, et plusieurs autres
» petits endroits, où l'on peut placer mille
» choses nécessaires ; il y a en outre un beau
» et grand jardin, rempli d'arbres à fruits,
» avec une grande quantité de fleurs, d'her-
» bes et de légumes ; trois petites fontaines,
» un puits, une belle cour dans laquelle il y
» a d'autres arbres fruitiers. J'ai des points de
» vue de tous côtés et je crois que c'est un
» paradis pendant l'été. »

« En entrant dans ce lieu, je trouvai le
» premier étage rangé et meublé noblement,
» avec toutes les provisions dont on a besoin,
» même jusqu'à du bois et un tonneau de bon
» vin vieux de deux ans ; j'ai été fort bien
» traité pendant trois jours avec mes amis,
» aux dépens du roi, etc... »

Louis XIV vit bientôt ce qu'il y avait de
défectueux dans la disposition primitive du
jardin des Tuileries, et chargea Le Nôtre de

rendre ce lieu de plaisance digne des rois, auxquels il devait appartenir.

Dès lors, les Tuileries changèrent totalement de face ; la rue qui les séparait du château fût abattue, les allées furent élargies, de vastes parterres, des bassins pompeux, des statues exécutées par les premiers artistes du temps, prirent la place de l'écho, de la volière, de la ménagerie ; et les proportions mesquines de l'ancien parc disparurent devant la noble et majestueuse ordonnance du jardin vraiment royal, dû au génie de Le Nôtre.

Depuis cette époque, le jardin des Tuileries a encore subi quelques modifications nécessaires; ainsi, la grande allée qui traverse le jardin, vis-à-vis le pavillon du milieu, a été élargie de manière à présenter une magnifique perspective, qui s'étend jusqu'à l'arc-de-triomphe de l'Étoile.

Maintenant, passons du jardin à la cour. Ce bel emplacement ne fut long-temps qu'un terrain inculte et sans aucun but d'utilité. Ce ne fut qu'en 1600 qu'on eut l'idée d'en faire un jardin appelé au commencement du règne de Louis XIV, jardin de Mademoiselle, parce que cette princesse, fille de Gaston, duc d'Orléans, frère de Louis XIII, habitait les Tuileries, et y resta jusqu'au moment où elle fut exilée de la cour, par suite des troubles de la Fronde auxquels elle avait pris part. Le jardin de Mademoiselle fut détruit à l'époque où Louis XIV fit travailler au palais : on en fit une place qui fut appelée depuis, place du Carousel, à l'occasion d'une fête que le roi y avait donnée. La partie qui sert de cour au château est séparée de la place proprement dite par une grille dont la porte principale s'ouvre devant un Arc de Triomphe de proportions assez mesquines eu égard à sa situation, et dont la construction ne date que du temps de l'empire.

SAINT-ÉTIENNE-DU-MONT.

Il n'est pas rare de rencontrer dans l'histoire de nos monumens religieux des chapelles d'abord si petites et si étroites que l'on est presque tenté de poursuivre sa route sans y jeter un coup d'œil; puis, tout-à-coup l'on voit ces frêles édifices prendre des proportions plus vastes, s'élever, s'accroître comme par enchantement et devenir bientôt de grandes et riches paroisses. Tel a été le sort de Saint-Etienne-du-Mont. Cette église qui réunit maintenant une grande quantité de fidèles, n'était primitivement que la succursale de Sainte-Geneviève et s'appelait alors Notre-Dame, puis Saint-Jean-du-Mont et enfin

Saint-Etienne. Le quartier où elle est située étant hors Paris, portait le nom de bourg Sainte-Geneviève et ne possédait dans l'origine que peu d'habitans; mais bientôt le nombre des personnes qui demeuraient aux environs de l'abbaye de Sainte - Geneviève s'étant considérablement accru, on fut obligé d'agrandir en 1223 la chapelle qui ne pouvait plus les contenir. Les mêmes raisons forcèrent à y travailler encore en 1491 et en 1538. Enfin, Marguerite de Valois, première épouse de Henri IV, posa en l'année 1610 la première pierre des deux portails dont la construction ne fut terminée qu'en 1617.

Saint-Etienne-du-Mont peut passer à juste titre pour une des églises de Paris les plus remarquables sous le rapport de l'architecture. Son jubé surtout est un chef-d'œuvre de hardiesse et de perfection que les amis des arts ne sauraient trop admirer ; on remarque également au milieu de la voûte de la croisée une clef pendante de plus de deux toises de saillie qui étonne par la délicatesse de son travail. La chaire, sculptée par Lestocard d'après les dessins de la Hire, est un morceau fort estimé. L'église de Saint-Etienne possède plusieurs tombeaux précieux. Entre autres celui de Racine, d'abord placé dans le cimetière de Port-Royal et qui ne fut transporté à Saint-

Etienne-du-Mont que lorsque la maison de Port-Royal fut détruite; ceux de Pascal, de Lesueur, peintre célèbre, de Le Maître de Sacy de Tournefort, etc.

LE PALAIS DU LUXEMBOURG.

Ce fut la reine Marie de Médicis, qui eut l'idée en 1612, de faire bâtir un palais sur l'emplacement de l'hôtel du duc de Pineï-Luxembourg, qu'elle acheta et agrandit considérablement en joignant à cette acquisition celle de plusieurs terrains environnans. Jacques Desbrosses, architecte de la cour, chargé de la construction du nouvel édifice, en fit jeter les fondemens en 1615, et dirigea les travaux avec une telle activité qu'ils furent achevés en peu d'années. Le palais du Luxembourg devait être primitivement appelé Palais-Médicis, mais il ne porta jamais ce titre, la reine l'ayant légué au duc d'Orléans, qui voulut lui imposer son nom. Cependant l'usage populaire prévalut, et il ne cessa presque jamais de porter le nom qu'il conserve aujourd'hui.

Après la mort de Gaston, le palais du Luxembourg appartint à mademoiselle de Montpensier, sa fille, puis à mademoiselle Elisabeth d'Orléans, duchesse de Guise et d'Alençon, qui en fit don au roi Louis XIV, en 1634. Enfin, en 1779, il fut donné par Louis XVI à son frère le comte de Provence, depuis Louis XVIII. Maintenant une partie du palais du Luxembourg est occupée par la chambre des pairs. Il renferme aussi un musée où sont exposés les tableaux des peintres vivans. Marie de Médicis avait désiré que cet édifice fût bâti, selon les règles de l'architecture italienne, sans doute pour avoir toujours devant les yeux un souvenir de son pays. La galerie possédait plusieurs ouvrages des plus grands maîtres, et, entre autres, une suite allégorique des principaux événemens de la vie de Marie de Médicis, due aux pinceaux de Rubens. Tous ces tableaux précieux ont été transportés au Musée royal.

Le jardin du Luxembourg tracé sur un terrain appartenant jadis aux Chartreux, a été long-temps fort négligé. Ce n'est que depuis la révolution que l'on a songé à en tirer tout le parti convenable. De nombreux embellissemens y ont été faits, on y a placé des statues; ses bassins ont été entretenus avec exactitude; on a soigné ses parterres; enfin, il est devenu, grâces aux améliorations nombreuses que l'on y a apportées, une des promenades les plus agréables de Paris.

Il existait autrefois auprès du Luxembourg

un hôtel que Richelieu fit bâtir, et dans lequel il demeura pendant que l'on travaillait au Palais-Cardinal. Cet hôtel, qui porta tour à tour le nom de Petit-Luxembourg et de Petit-Bourbon, fut habité ensuite par les princes de la famille de Bourbon-Condé. Il a été démoli, et à la place qu'il occupait se trouve une des entrées du jardin.

LES PORTES SAINT-DENIS ET SAINT-MARTIN.

Il existait au temps de Philippe-Auguste une porte Saint-Denis, bien différente du monument qui porte aujourd'hui ce nom. C'était une véritable porte fortifiée, située entre la rue Mauconseil et celle du Petit-Lion, puis, sous le règne de Charles IX, reculée entre les rues Neuve-Saint-Denis et Sainte-Appoline. Mais lorsque la France eut acquis assez de force pour ne pas redouter l'invasion étrangère, on détruisit ces fortifications indispensables à une époque où l'ennemi pouvait s'avancer jusque sous les murs de la capitale.

Les portes Saint-Denis et Saint-Martin, telles qu'on les voit maintenant, ne sont autre chose que deux arcs de triomphe, élevés en l'honneur des succès militaires du règne de Louis XIV, qui ont conservé le nom de portes, à cause sans doute des portes qui avaient existé jadis, à-peu-près au même emplacement.

La porte Saint-Denis a été construite sur les dessins de François Blondel, et ses bas-reliefs, exécutés par Anguier l'aîné, sont consacrés au passage du Rhin et à la prise de Maestricht. La porte Saint-Martin est l'ouvrage de Pierre Bullet, élève de Blondel, pour l'architecture; et ses sculptures sont dues à quatre artistes célèbres de ce temps : Desjardins, Marsy, Le Hongre et Le Gros.

Ces deux monumens ont été criblés de balles aux journées de juillet 1830.

ÉGLISE SAINT-EUSTACHE.

Sur l'emplacement où s'élève maintenant l'église Saint-Eustache, il n'existait jadis qu'une petite chapelle, placée sous l'invocation de sainte Agnès. Une ancienne chronique, dont l'authenticité a été contestée, nous apprend que ce fut Jean Alais qui fit construire au treizième siècle cette chapelle de

Sainte-Agnès, « *en satisfaction d'avoir été le premier auteur d'un impôt d'un denier sur chaque panier de poisson qui arrivait aux halles.* » On ajoute même que Jean Alais, trouvant que cette fondation n'expiait pas encore assez sa faute, ordonna, à son lit de mort, que son corps fût jeté dans un égout qui servait de réceptacle aux immondices des halles. Il faut avouer que cette dernière partie de la chronique est fort peu vraisemblable.

Quoi qu'il en soit, il est prouvé par des titres irrécusables que la chapelle de Sainte-Agnès existait au treizième siècle, et qu'elle dépendait du chapitre de Saint-Germain-l'Auxerrois. Elle fut érigée en paroisse vers l'année 1223, et reçut le nom de Saint-Eustache, parce qu'elle possédait des reliques de ce martyr, dont le corps était déposé depuis environ un siècle dans l'abbaye de Saint-Denis. Il est présumable qu'à l'époque où elle devint paroisse, cette église avait été considérablement augmentée. Dès lors le revenu de son clergé fut assuré par le moyen des offrandes provenant de la piété des fidèles. Plusieurs habitans du quartier firent même des donations de rentes, à la charge pour la fabrique de dire des messes pour le repos de l'ame du donateur, dans une chapelle désignée par lui.

Au nombre des principaux bienfaiteurs de Saint-Eustache, il faut compter Louis d'Orléans, frère de Charles VI. MM. Nicolaï, seigneurs de Gausainville, et plusieurs autres personnages éminens.

A différentes époques on agrandit et l'on répara l'église de Saint-Eustache. Enfin, en 1532, on prit la résolution de la rebâtir entièrement; elle ne fut achevée qu'en 1642, grâce aux libéralités du chancelier Séguier et de M. de Bullion, surintendant des finances. Ce nouvel édifice avait été consacré en 1637, par M. de Gondi, avant qu'il fût entièrement terminé.

L'architecture de Saint-Eustache, qui porte l'empreinte du mauvais goût de l'époque à laquelle cette église fut construite, excita d'abord l'admiration exagérée des prétendus connaisseurs du temps; mais sous le règne de Louis XIV, on en reconnut les défauts et l'on prit même la résolution de remplacer l'ancien portail par un nouveau, dont le style et l'ordonnance fussent plus convenables. Colbert avait à cet effet offert vingt mille livres; cette somme ne se trouvant pas, à beaucoup près, suffisante, les marguilliers résolurent de suspendre l'exécution des premiers plans jusqu'à ce que les intérêts réunis au capital pussent en former un assez considérable pour subvenir aux frais de l'érection d'un nouveau portail. En 1752, la fabrique pensant avoir atteint le but désiré, fit commencer les travaux, et le 12 mai 1754, le duc de Chartres posa la première pierre. Mais il paraît que les marguilliers s'étaient trompés dans leurs calculs; car bientôt on fut obligé d'abandonner, faute de fonds, la nouvelle construction qui ne fut continuée qu'en 1772, et quelque temps après interrompue encore une fois par le même motif. Depuis on n'a pas parlé de la reprendre, et la façade de Saint-Eustache est ainsi restée inachevée.

Le maître-autel de Saint-Eustache était orné de six statues exécutées par le célèbre Sarrasin ; elles représentaient saint Louis, la Vierge, saint Eustache, sainte Agnès et deux anges en adoration. L'artiste avait donné à saint Louis la ressemblance de Louis XIII. Anne d'Autriche était représentée sous les traits de la Vierge, et l'enfant Jésus qu'elle tenait dans ses bras était le portrait de Louis XIV enfant. Nous ne saurions approuver une telle flatterie, qui dégénère en profanation. Colbert, le maréchal de la Feuillade, Chevert, Tourville, Voiture, Benserade,

La Mothe-le-Vayer ont été inhumés dans cette église.

LE JARDIN DU ROI.

Chaque jardin public offre à Paris une physionomie particulière due principalement aux différentes classes d'individus qui les fréquentent. Le Jardin des Tuileries semble empreint d'un cachet d'élégance et de gaîté. Le Palais-Royal présente un aspect équivoque dans lequel l'oisiveté se mêle à la friponnerie et au libertinage. Le Luxembourg est sérieux, c'est le séjour du travail et de la science ; et enfin le Jardin du Roi est remarquable par les échantillons qui s'y trouvent de tous les pays ; on pourrait même ajouter de toutes les nations. L'Afrique, l'Europe, l'Asie, l'Amérique, n'y sont-elles pas en effet représentées par les plantes qui s'élèvent dans ses parterres, ou naissent comme par miracle dans les serres magnifiques qui leur servent de palais ; par ces animaux de tout pays, de toute espèce qui s'agitent derrière les barreaux de leurs cages solides, qui s'ébattent pesamment dans la profondeur des fossés, ou qui essaient de déployer dans les volières leurs ailes désormais inutiles? Les promeneurs eux-mêmes sont pour la plupart du temps des hommes de différentes contrées qui viennnent demander des souvenirs à ces bosquets, à ces ménageries, à ce cabinet d'histoire naturelle où sont étalés tous les trésors du règne animal; et, nous en sommes sûrs, plus d'une fois un exilé aura versé de douces larmes en retrouvant la fleur sauvage, l'arbre au feuillage protecteur qui croissaient devant la maison héréditaire qu'il a été obligé de fuir ou d'abandonner aux mains d'un acquéreur étranger.

On a attribué faussement à Henri IV la fondation du Jardin de Botanique, appelé Jardin des Plantes. Ce fut Louis XIII qui accorda, en 1626, à son médecin Hérouard, des lettres-patentes qui l'autorisèrent à établir un Jardin de Botanique sans désigner le lieu où il devait être situé. Il paraît cependant qu'Hérouard ne donna pas de suite à son projet, car on ne s'occupa de le réaliser qu'en 1633 et 1636, années où le roi fit l'acquisition des terrains nécessaires, après avoir accordé à Gui de La Brosse, médecin ordinaire, l'autorisation de diriger les travaux indispensables à la fondation du nouvel établissement. Gui de La Brosse se hâta dès lors de faire construire les bâtimens consacrés aux cours de botanique, de chimie, d'astronomie, d'histoire naturelle, et dirigea les premières plantations ; mais, il faut le dire, le Jardin du Roi ne fut pas digne pendant long-temps de sa première destination.

Enfin, Buffon reçut, en 1739, le titre d'intendant du jardin, et aussitôt cet établissement changea complètement de face. Il fut considérablement agrandi et il s'enrichit de trésors presqu'inconnus jusqu'à cette époque; ainsi le cabinet d'histoire naturelle fut formé avec les collections de plusieurs savans tels que Vaillant et Tournefort; la ménagerie reçut des animaux curieux, les serres se remplirent des plantes étrangères; le jardin du Roi devint ce qu'il est aujourd'hui. Le Jardin du Roi renferme une ménagerie, des parterres destinés aux végétaux les plus rares, des serres, une orangerie, une espèce de jardin anglais, appelé la Vallée Suisse, dans lequel des cerfs, des daims, des zèbres, des buffles errent en liberté; une volière, un labyrinthe, des allées d'arbres rares, un cabinet d'histoire naturelle, plusieurs maisons destinées aux savans et aux professeurs, un cabinet d'anatomie comparée, etc., etc. Tous les âges, toutes les classes y trouvent des plaisirs ou des enseignemens à leur portée ; c'est un des endroits les plus curieux de Paris.

LES GOBELINS.

On appelle ainsi la curieuse manufacture de tapisserie, située près de la petite rivière de Bièvre, qui porte aussi le nom de rivière des Gobelins. Cette dénomination tire son origine d'une famille établie à Paris, dans les quatorzième et quinzième siècles, famille qui s'était rendue célèbre par son habileté dans l'art de la teinture.

Ce fut sous le règne de Louis XIV, et au temps où Colbert était ministre, que cette manufacture, qui devait être la première de l'Europe, fut fondée à grands frais : avant cette époque, Henri IV et Louis XIII avaient établi quelques manufactures de tapisserie ; mais c'est, quoi qu'on en dise, à Louis XIV seul que l'on doit les Gobelins.

Voici à quelles circonstances cet établissement dut son origine : les immenses perfectionnemens apportés dans la confection des tapisseries, par un Hollandais appelé Gluc, qui avait remplacé les sieurs Canaye, successeurs de la famille Gobelin, ayant attiré l'attention du ministre éclairé, qui ne négligeait rien de ce qui pouvait satisfaire son goût pour les arts et tourner en même temps à la gloire de son maître, Colbert engagea le roi à protéger la manufacture de Gluc, et même à employer cet habile fabricant uniquement pour son service. Louis XIV accueillit ce projet avec empressement, et fit acheter le terrain qu'occupent aujourd'hui les Gobelins, pour donner au nouvel établissement, placé sous sa protection royale, toute l'étendue et la dignité convenables. Dès que les bâtimens furent achevés, un édit du roi constitua l'administration des Gobelins d'une manière convenable, et Lebrun en fut nommé directeur.

Les ateliers de la manufacture des Gobelins ne furent pas d'abord exclusivement consacrés aux ouvriers en tapisseries; presque tous les meubles destinés aux résidences royales y étaient fabriqués par des ébénistes, des orfèvres, des sculpteurs, des peintres. Ce n'est que depuis, que l'art de la tapisserie a seul été pratiqué dans les salles de ce magnifique établissement, dont les ouvriers peuvent, à juste titre, passer pour des artistes. Ils exécutent, en effet, des copies de tableaux remarquables, qui valent presque les originaux. Ils excellent surtout à imiter les ouvrages de Rubens et des autres peintres qui se sont servis de couleurs brillantes et vives.

On n'est admis qu'avec des billets à visiter la manufacture des Gobelins.

LA BIBLIOTHÈQUE ROYALE.

Qui voudra croire que cette France maintenant si polie, si éclairée, ne fut, durant plusieurs siècles, qu'une nation à demi barbare, composée de barons qui mettaient leur gloire à ne savoir pas lire, de bourgeois plus grossiers encore qui ne rachetaient pas du moins leur ignorance par l'éclat des vertus guerrières, et enfin d'évêques, de prêtres et de moines, hommes chez lesquels s'était réfugiée la science informe du moyen-âge, obligée d'aller chercher dans l'obscurité du cloître un abri contre la réprobation de l'époque? Cependant rien n'est malheureusement plus réel. Malgré les efforts de plusieurs de nos rois et notamment de Charlemagne, les lettres ne commencèrent à être en honneur que sous le règne de Charles V, prince aussi éclairé que sage, que l'on doit considérer comme le véritable fondateur de la bibliothèque royale. Saint Louis avait bien eu l'idée, environ un siècle auparavant, de créer un dépôt public de livres; mais il paraît qu'il en fut détourné par des considérations pieuses, car il légua les divers ouvrages qui composaient sa bibliothèque à des abbayes et à des couvens; au reste, le nombre n'en devait pas être fort considérable, puisque nous lisons dans un *mémoire historique sur la bibliothèque du Roi*, que le roi Jean lui-même ne possédait que neuf volumes, tant d'histoire ou de sciences que de dévotion.

Si nous prêtons à cette particularité l'attention qu'elle mérite et si nous considérons en même temps que l'imprimerie n'était pas inventée, nous serons étonnés d'apprendre que Charles V parvint à réunir 910 volumes écrits à la main, qu'il fit déposer, ainsi que nous l'avons dit à l'article du Louvre, dans la tour appelée depuis, tour *de la Bibliothèque*.

Lorsque, à la fin du règne de Charles VI, les Anglais devinrent maîtres de Paris, le duc de Bedfort qui les commandait envoya en Angleterre les archives de France et une grande partie des livres qui composaient la collection de Charles V. On doit bien penser que Charles VII n'eut, pendant les guerres continuelles qu'il soutint pour rentrer en possession de son royaume, ni le temps, ni le pouvoir de reconstituer l'ancienne bibliothèque; il laissa ce soin à Louis XI qui s'en acquitta avec assez de négligence, et ne réunit qu'un petit nombre de manuscrits et de livres dont la découverte récente de l'imprimerie lui rendait l'acquisition facile. Son fils, Charles VIII, ayant rapporté de Naples quelques ouvrages curieux, les réunit à la collection que lui avait léguée son père et en donna la garde à Laurent Palmier.

Louis XII, surnommé à juste titre le Père du Peuple, s'occupa beaucoup plus de l'augmentation de la bibliothèque royale; il y joignit celle formée à Blois par Louis d'Orléans, celle des ducs de Milan, et quelques volumes qui avaient appartenu à Pétrarque, et confia la surveillance de ces trésors littéraires à Jean de La Barre. Enfin en 1544 François Ier ajouta les 1,890 volumes qui avaient été réunis par Louis XII à sa bibliothèque de Fontainebleau. Ce prince, qui fut pendant toute la durée de son règne le protecteur ardent des sciences et des lettres, ne négligea aucun des moyens qui pouvaient les faire prospérer. Il envoya dans les pays étrangers plusieurs savans chargés de rapporter en

France des manuscrits grecs et latins; et pour remplir complètement ce but, il donna même à des ambassadeurs des lettres de créance auprès des cours avec lesquelles il pouvait être en relation. Cependant, quoique l'imprimerie eût été découverte en 1450, François 1er ne posséda jamais plus de deux cents ouvrages imprimés; le reste de la collection qui avait été formée par ses soins se composait de manuscrits.

Ce fut sous le règne de Henri II que la bibliothèque du roi s'enrichit d'un grand nombre d'ouvrages imprimés, qui alors étaient devenus moins rares, grâce à un édit de ce prince qui ordonnait à tous les libraires de lui fournir un exemplaire relié et imprimé sur vélin de chaque volume qu'ils publiaient et pour lesquels ils obtenaient un privilége. On doit à un avocat nommé Raoul Spifame la première idée de cette espèce d'impôt littéraire qui existe encore aujourd'hui. A cette époque Catherine de Médicis réunit à la collection royale la bibliothèque du maréchal de Strozzi dont elle s'était emparée sous prétexte qu'elle avait fait partie de la bibliothèque des Médicis, conquête peu honorable qu'il fallut bien pardonner à une tête couronnée. Henri III, pour qui des occupations puériles et des intrigues de cour avaient plus de charmes que des livres ou des manuscrits sévères, s'occupa fort peu de sa bibliothèque. Cependant ce fut sous le règne de ce prince que Jacques Amyot, traducteur de Plutarque et ancien précepteur de Charles IX, fut nommé maître de la librairie. Aussitôt il se hâta d'ouvrir aux savans les salles qui renfermaient les objets de leur vénération et de leur amour. Jacques Amyot devait être dignement remplacée par l'historien de Thou.

Depuis François Ier, la bibliothèque était restée à Fontainebleau; Henri IV la fit transporter à Paris au mois de mai de l'année 1599. Elle fut placée alors dans les salles du collége de Clermont. Cinq ans après on transféra tous les livres dans une grande salle du cloître des Cordeliers. Sous Louis XIII, cette précieuse collection s'étant augmentée d'un nombre infini de manuscrits arabes, turcs, persans, syriaques, et de tous les livres dont les libraires avaient fait journellement la publication, on fut obligé de chercher un plus vaste local, et l'on choisit une maison de la rue de la Harpe, comme le lieu convenable pour recevoir les six mille volumes qui ne trouvaient plus à se loger dans le cloître des Cordeliers.

Mais bientôt après Louis XIV ayant fait l'acquisition d'un grand nombre de livres, la maison de la rue de la Harpe ne se trouva plus suffisante, et en 1666, Colbert se vit forcé de faire transporter la bibliothèque dans deux maisons situées rue Vivienne, auprès de son hôtel. Louvois eut ensuite la pensée de faire faire encore un déménagement aux manuscrits et aux imprimés royaux, et de les établir place Vendôme; mais ce projet ne se réalisa pas. La bibliothèque du roi devait prendre, pendant la régence et sous Louis XV, un immense accroissement, puisqu'au commencement du règne de Louis XVI, le nombre des livres imprimés s'élevait à plus de cent mille volumes. En 1721 elle fut placée dans les bâtimens qu'elle occupe encore aujourd'hui. Ces bâtimens, situés rue de Richelieu, comprennent tout l'espace renfermé entre la rue Colbert et la rue Neuve-des-Petits-Champs. Le dépôt des livres se composait en 1789 de cent cinquante mille volumes, les manuscrits étaient au nombre de cinquante mille. Depuis la révolution, ce chiffre s'est élevé à huit cent mille volumes. On publie chaque jour tant d'ouvrages bons et mauvais que bientôt, du moins le pensons-nous ainsi, les salles de la rue de Richelieu ne suffiront plus pour contenir toutes les productions dues à cette manie littéraire qui caractérise le dix-neuvième siècle.

La bibliothèque royale renferme aussi une collection de médailles, un cabinet de dessins et d'estampes, et un dépôt de titres et généalogies.

Les salles de lecture sont ouvertes toute l'année aux savans et même aux oisifs qui s'y glissent par fois. Jadis on avait une peine infinie à se procurer les livres que l'on demandait, maintenant les employés peuvent vous les fournir sur-le-champ, au moyen d'un mécanisme ingénieux. Cependant il est toujours utile de s'être préparé à une louable résignation avant de franchir le seuil de cette espèce de sanctuaire.

LA SAINTE-CHAPELLE.

Ce fut pour y déposer les reliques qui lui venaient de la Terre-Sainte, que saint Louis fit construire la Sainte-Chapelle qui s'élevait non loin du Palais de la Cité, sur l'emplacement qu'avaient occupé successivement deux édifices du même genre, l'un bâti par les rois de la première race, et placé sous l'invocation de saint Barthélemi; l'autre construit pendant le règne de Robert, et appelé la chapelle de Saint-Nicolas.

L'architecte chargé de la direction des travaux de la Sainte-Chapelle, se nommait Eudes de Montreuil; il en fit jeter les fondemens en 1240, et huit ans après, ce curieux monument était entièrement terminé.

On peut dire à juste titre que la Sainte-Chapelle est un chef-d'œuvre d'architecture gothique; les sculptures en sont d'une légèreté qui surprend et ravit tout à la fois. Les vitraux brillent de ces couleurs éblouissantes dont on n'a pas encore pu retrouver le secret, et qui, chose étonnante! ne se sont point altérés pendant le cours de six siècles; enfin, ses caveaux ont servi jadis de lieu de sépulture aux personnages les plus éminens, soit par les dignités qu'ils exercèrent durant leur vie, soit par leur rare mérite. Boileau y avait été inhumé sous la place même, à ce qu'on prétend, de ce lutrin fameux qui lui avait fourni le sujet de son poëme immortel; (depuis la révolution, le corps de cet homme célèbre a été transporté à Saint-Etienne-du-Mont).

Le trésor de la Sainte-Chapelle renfermait jadis un grand nombre de reliques dont plusieurs ont vu leur authenticité contestée. Au reste, ces objets de la vénération des fidèles ont été presque tous dispersés ou profanés aux jours sanglans de la *république française*, ainsi que les riches offrandes provenant de la piété de nos rois!

LE PALAIS-ROYAL.

Le Palais-Royal jouit dans nos provinces éloignées, et même auprès des nations étrangères, d'une célébrité bien méritée. Quel lieu peut offrir en effet plus d'appas à la curiosité des voyageurs que celui qui fut successivement témoin des fécondes méditations de Richelieu, des intrigues du régent, et plus tard de ses orgies, des premiers excès de la révolution de 1789, des débauches publiques du directoire, des joies bruyantes des officiers de l'empire, des préludes de la révolution nouvelle de 1830? car le Palais-Royal est en effet comme un centre où tous les événements qui agitent Paris, toutes les passions, tous les battemens, pour ainsi dire, de la grande capitale, ont leur premier écho.

Hâtons-nous de le dire cependant, le Palais-Royal n'attire pas toujours les étrangers par la singularité de ses souvenirs historiques. De riches boutiques étincelantes des feux du gaz, de somptueux cafés, des restaurans embaumés de tous les parfums chers à la gastronomie, y étalent aussi leurs attraits plus puissans encore que ceux de la philosophie et de la politique. Dieu nous garde pourtant de citer, au nombre des séductions de l'ancienne demeure des ducs d'Orléans, ces infâmes tripots, réceptacles impurs des passions les plus viles; ce sont des lieux dont on doit parler le moins possible lorsqu'on n'écrit que pour les honnêtes gens.

Il n'y a pas long-temps encore, le Palais-Royal était le rendez-vous des élégans de Paris et de la province; mais depuis quelques années il a changé en partie de face, et ce qu'il y a de singulier, c'est que sa vogue a plutôt diminué qu'augmenté, à mesure que de nombreux travaux lui donnaient plus de régularité et de magnificence qu'il n'en avait jamais eue. A l'exception d'un certain nombre de curieux, d'étrangers, de jeunes gens, d'officiers en congé ou à la demi-solde, les hommes qui fréquentent habituellement le Palais-Royal appartiennent aux classes les moins honorables de la société.

Le Palais-Royal doit sa fondation au cardinal de Richelieu, qui, dans le commencement de sa puissance, s'était fait construire une modeste demeure sur l'emplacement des hôtels d'Armagnac et de Rambouillet ; cette maison se trouvait alors située à l'extrémité de la ville, car Paris était encore renfermé dans l'étroite enceinte de Charles VI ; mais bientôt son propriétaire, parvenu au faîte de la puissance, ne put plus respirer librement dans un si étroit espace, et résolut de se bâtir un palais digne de lui. La première pierre de cet édifice fut posée en 1629, et l'architecte Mercier, auquel les travaux avaient été confiés, l'acheva en 1636 : ce qui était aller assez vite pour le temps, surtout si nous considérons la solidité des constructions et la magnificence de l'architecture.

Le *Palais-Cardinal*, c'est ainsi que fut appelé l'ensemble des nouveaux bâtimens destinés à Richelieu, se trouva placé tout à la fois en dehors et en dedans de la ville ; mais il ne devait point rester long-temps dans cette position, les limites de Paris n'ayant pas tardé à être reculées. Le goût excessif que le cardinal avait pour les représentations théâtrales, surtout pour celles où l'on jouait ses tragédies, l'engagea à faire bâtir dans l'aile droite de son palais une salle de spectacle pouvant contenir trois mille personnes. Louis XIV la donna depuis à Molière, et après la mort de ce grand homme, elle fut consacrée à l'opéra jusqu'au 6 avril

1763, jour où elle fut entièrement consumée par un incendie. Outre cette salle, il y en avait une autre plus petite, également pratiquée dans l'aile droite ; dans l'aile gauche était renfermée une superbe galerie dont l'immense voûte avait été peinte par Philippe de Champagne, et représentait les principales actions de la vie de Richelieu ; le cardinal mit tous ses soins à embellir cette magnifique résidence, et lorsqu'il la jugea digne de son roi, il l'offrit à Louis XIII, comme témoignage de dévouement et de reconnaissance. Cependant l'orgueil de Richelieu perçait au travers du mérite apparent de cette somptueuse offrande ; il voulait jeter sur son nom l'éclat d'une générosité qui peut-être n'avait pas de profondes racines dans son cœur. Quoi qu'il en soit, Louis XIII accepta ce présent d'un nouveau genre, à condition toutefois que le cardinal en conserverait la propriété pendant toute sa vie, et que la capitainerie ou conciergerie du palais serait donnée à ses neveux et héritiers les ducs de Richelieu. Après la mort du ministre, on changea le nom de son hôtel qui fut appelé *Palais-Royal*. Beaucoup de changemens y furent faits sous le règne de Louis XIV ; on fit disparaitre la galerie du côté gauche, et sur son emplacement on construisit des appartemens pour le duc d'Orléans, frère du Roi, à qui Louis XIV en avait cédé la jouissance sa vie durant: au reste, il l'abandonna entièrement à la famille d'Orléans en 1672, lors du mariage du duc de Chartres avec Marie-Françoise de Bourbon. A cette époque, le Palais-Royal avait reçu de nouveaux embellissemens; une galerie avait été bâtie pour remplacer celle qui était abattue; Mansard s'était chargé de la construction, et Antoine Coypel exécuta les quatorze tableaux dont elle était ornée, tableaux qui représentaient des sujets tirés de l'Énéïde. Le régent y fit placer depuis une précieuse collection de peintures des meilleurs maîtres, et fit précéder cette salle magnifique d'un vaste salon construit sur les dessins d'Oppenod. Richelieu, qui aimait et protégeait les arts, avait également réuni long-temps auparavant une suite de tableaux consacrés à la mémoire des Français les plus illustres, et dont il avait confié l'exécution à Philippe de Champagne, Simon Vouet, Juste d'Egmont et Person. La salle de spectacle du Palais-Royal ayant été brûlée en 1763, le duc d'Orléans prit occasion de cet événement pour faire faire des changemens considérables à la façade qui donne du côté de la rue St.-Honoré. On travailla également aux autres parties de l'édifice ainsi qu'à l'intérieur des appartemens qui s'enrichirent de tous les trésors du luxe et des arts ; ils étaient en outre ornés de tableaux des plus grands maîtres, vendus depuis par Philippe, duc d'Orléans, surnommé Egalité. A l'époque de la restauration, le Palais-Royal a encore reçu de nombreux embellissemens.

Le jardin du Palais-Royal n'était, au temps du cardinal de Richelieu, qu'un terrain irrégulier qui renfermait un mail, deux bassins et un manége ; en 1730, on projeta de le refaire entièrement, et ce fut un neveu de Le Nôtre que l'on chargea de cette entreprise. Il réussit à faire de ce jardin une des promenades les plus agréables de Paris, promenade qui, pendant quelques années, fut le rendez-vous de la bonne compagnie.

Le duc d'Orléans, dont nous avons parlé tout-à-l'heure, résolut de mettre à exécution le plan du cardinal de Richelieu, qui avait pour but d'entourer le jardin de trois corps de bâtimens somptueux. Mais l'esprit intéressé du duc d'Orléans ne lui fit considérer qu'une spéculation dans un projet empreint de la grandeur du siècle où il avait été conçu. L'on vit un prince du sang pratiquer des boutiques dans l'enceinte même de son palais.

Ce prince permit même qu'il s'y établit des maisons de jeu et des lieux de débauche. La révolution arriva bientôt pour mettre le comble aux désordres de tous genres qui se commettaient librement au Palais-Royal, et rendit ce lieu encore plus infâme en établissant, non loin des repaires du vice, les tréteaux sanglans de ses démagogues. Dans l'été de 1789, Camille Desmoulins y excita le peuple à la révolte, et éveilla les élémens de désordre, qui firent éruption le 14 juillet. Le 26 juillet 1830, ce fut au Palais-Royal que se montrèrent les premiers groupes, et que se manifesta d'abord l'agitation, prélude de la révolution nouvelle.

Il y a quelques années, sans diminuer en rien l'immense produit des locations du Palais-Royal, on a quelque peu épuré, du moins extérieurement, la physionomie de ce lieu; mais il n'en continue pas moins de renfermer des maisons de jeu et d'autres repaires que l'on a regret d'y voir autorisés. En 1828 et 1829, la partie de l'édifice, connue sous le nom de *Galeries de bois*, a été abattue et remplacée par une galerie d'un aspect magique, garnie de boutiques de l'aspect le plus brillant.

1. HISTOIRE DE PARIS.   11

SAINT-ROCH.

Cette église, remarquable sous beaucoup de rapports, ne date que du règne de Louis XIV ; aussi n'aurons-nous pas à mettre en parallèle des discussions contradictoires sur son origine, trop rapprochée de nous, pour que les savans aient encore pu l'envelopper de l'épais brouillard dans lequel ils laissent quelquefois les questions historiques. Nous allons donner quelques détails sur les chapelles qui ont précédé la grande paroisse qui s'élève à peu près au milieu de la rue Saint-Honoré.

Un hôtel qui portait le nom d'hôtel *Gaillon*, étendait ses vastes jardins sur l'emplacement que l'église occupe maintenant. Non loin de cet hôtel, était une petite chapelle dédiée à sainte Suzanne, voisine elle-même d'une autre chapelle, appelée chapelle des *cinq plaies*, dont la fondation était due à un marchand de bétail, nommé Jean Dinocheau, et à sa femme, Jeanne de Laval, qui l'avaient érigée en 1521. En 1577, leur neveu céda cet édifice et ses dépendances aux habitans du quartier qui achetèrent encore la chapelle de Sainte-Suzanne, et une partie du terrain qui l'environnait, afin de construire une église capable de contenir le nombre toujours croissant des fidèles de ce quartier, déjà trop éloignés de Saint-Germain-l'Auxerrois, leur paroisse. L'église nouvelle, dont la première pierre fut posée en 1578, et qui ne fut terminée que trois ans après, était bien moins grande que l'édifice actuel, et on ne la considérait alors que comme une succursale de Saint-Germain-l'Auxerrois. Cependant elle était placée, dès ce temps-là, sous l'invocation de Saint-Roch, à cause d'un hôpital de ce nom, dont la construction avait été commencée par un Espagnol, nommé Jacques Moyen, qui fut obligé d'en céder l'emplacement aux habitans du quartier. En 1633, l'église Saint-Roch s'affranchit de la dépendance de Saint-Germain-l'Auxerrois, et devint église paroissiale par ordre de François de Gondi, archevêque de Paris. Quelques années plus tard, elle se trouva beaucoup trop petite, et l'on fut obligé de songer à la remplacer par une construction nouvelle. On acheta donc ce qui restait encore de terrain dépendant de l'ancien hôtel Gaillon, et l'on s'occupa de construire l'église que nous voyons à présent. Louis XIV en posa la première pierre en 1653.

Cet édifice, commencé d'après les plans de J. Lemercier, premier architecte du roi, ne fut entièrement achevé que sous le règne de Louis XV, qui en fit construire le portail sur les dessins de Robert de Cotte.

Sous le rapport de l'architecture, Saint-Roch ne possède aucun mérite réel; l'intérieur est rempli d'ornemens de mauvais goût dont l'ensemble est cependant, au premier abord, empreint d'un certain cachet de magnificence.

Au nombre des personnages illustres inhumés dans les chapelles de cette église, nous citerons le grand Corneille, André Le Nôtre, intendant et architecte des jardins de Louis XIV, Pierre-Louis-Moreau de Maupertuis, mathématicien célèbre, François Séraphin, Regnier Desmarais, Madame et Mademoiselle Deshoulières, le marquis d'Asfeld, et Marie-Anne de Bourbon-Conti, fille naturelle de Louis XIV.

Depuis que Saint-Germain-l'Auxerrois a été dévasté et mis au pillage, Saint-Roch est considéré officiellement comme paroisse royale.

ÉGLISE DE SAINT-SULPICE.

Ce qui fatigue et ce qui rebute dans les recherches historiques que l'on est obligé de faire, si l'on veut connaître l'origine des principaux monumens de Paris, c'est le peu de ressources que l'on trouve pour arriver à la vérité. Il semble que les anciens auteurs se soient plu, que l'on nous permette cette expression, à embrouiller les événemens et les dates, afin de désespérer ceux qui viendraient après eux. Au reste, si telle a été leur intention, ils peuvent se féliciter d'avoir parfaitement réussi : car la pomme de discorde, jetée parmi eux au milieu du monde savant, n'a pas tardé à être ramassée, et Dieu sait à quelles discussions, à quelles escarmouches littéraires elle a déjà donné naissance ! On n'a besoin du reste que de contempler le champ de bataille tout couvert d'in-folios poudreux pour se convaincre de l'opiniâtreté des combattans.

On ne saurait dire le nombre des réfutations et dissertations qui ont été faites touchant l'origine de St.-Sulpice, encore plongée dans de profondes ténèbres. Cependant l'opinion la mieux fondée selon nous, est celle de Jaillot, qui pense qu'au XIIme siècle, on éleva sur l'emplacement qu'occupe actuellement l'église Saint-Sulpice une chapelle dédiée d'abord à saint Jean, puis à saint Laurent et enfin à saint Sulpice, pour remplacer auprès des habitans des maisons éparses qui alors tenaient la place du faubourg Saint-Germain, l'ancienne chapelle de Saint-Pierre, dont la situation ne pouvait plus leur convenir.

Sous le règne de François Ier, l'église ou la chapelle Saint-Sulpice étant devenue trop étroite pour contenir le nombre des fidèles qui augmentait de jour en jour, on fut obligé d'y ajouter une nef, qui plus tard, en 1614, fut elle-même agrandie au moyen de trois chapelles construites de chaque côté; toutefois, cet édifice menaçait déjà ruine au commencement de l'année 1646. Les principaux paroissiens de Saint-Sulpice résolurent donc, dans une assemblée de la fabrique, de le remplacer par une autre église plus spacieuse et plus convenable, dont la première pierre fut posée le 20 février par Anne d'Autriche, et les travaux commencèrent avec activité sous la direction de Louis Levau, architecte célèbre dans ce temps, puis de Gabriel Gittard. Ce dernier termina la chapelle de la Vierge, qui était restée inachevée, fit construire le chœur, les bas côtés dont il est environné, ainsi que les deux croisées. Le portail de l'une d'elles était commencé et on procédait déjà à son achèvement, lorsque le trésor de la fabrique se trouva tout-à-coup vide; et cette circonstance fatale vint arrêter pour long-temps les travaux qui ne purent être repris qu'environ un demi-siècle après.

Ce fut à M. Languet de Gergi, curé de cette paroisse, que l'on en dut la continuation. Cet estimable ecclésiastique produisit tant d'effet par ses exhortations et par son propre exemple, que des sommes considérables lui arrivèrent de tous côtés pour être employées à l'œuvre qu'il avait entreprise avec un zèle extraordinaire. Le roi lui-même lui accorda en 1721 le bénéfice d'une loterie qui lui permit de mettre à exécution tous les plans qui avaient été faits pour les embellissemens de Saint-Sulpice. Malheureusement ce fut à Gille-Marie Oppenord, architecte de mauvais goût, que l'on s'adressa pour terminer les constructions de Gabriel Gittard. Il ne fit qu'y ajouter des ornemens bizarres et peu dignes de la destination de l'édifice où il les avait placés ; aussi en a-t-on déjà supprimé la plus grande partie.

Après Oppenord, ce fut le tour du chevalier Servandoni qui commença en 1733 le portail de Saint-Sulpice. Cet homme vraiment habile prouva en cette circonstance qu'un talent solide et appuyé sur de fortes bases, finit toujours par l'emporter sur celui qui ne consulte dans ses productions que les capricieux écarts de la mode. Le portail de Saint-Sulpice est encore généralement admiré, tandis que les ornemens en carton d'Oppenord ont été bientôt détruits, selon le désir des gens de goût; au reste, Servandoni lui-même échoua complètement dans la construction des tours, qui, malgré les corrections exécutées depuis par Maclaurin et Chalgrin, n'en sont pas moins restées défectueuses et même inachevées. Une chose extraordinaire, c'est qu'à une époque comme la nôtre où l'on s'occupe beaucoup d'architecture, on n'ait pas encore pensé à faire terminer l'un des monumens les plus remarquables de Paris.

Pour compléter cette notice, nous dirons qu'en 1719 le duc d'Orléans posa la première pierre du portail de la croisée à droite qui donne sur la rue des Fossoyeurs et dont l'architecture n'offre rien de bien extraordinaire; puis de 1722 à 1736 on construisit le côté gauche de la nef dont l'achèvement permit de travailler au portail dont nous avons parlé plus haut.

M. Languet ne s'était pas borné à concentrer tous ses soins sur la partie extérieure de son église; il s'était encore occupé activement de donner à l'intérieur toute la magnificence convenable: le maître-autel, remplacé depuis, était, par ses proportions imposantes, digne de sa noble destination. Des tableaux, des dorures heureusement placées ajoutent encore à la richesse du temple, dont tous les piliers sont revêtus de marbre à hauteur d'appui. On admire surtout une chapelle construite sur les dessins de Servandoni, où est placé un groupe représentant la Vierge et l'enfant Jésus sur lequel le soleil projette par fois un rayon dont le reflet mystérieux dispose l'âme au recueillement et à la prière.

Dans cette église avaient été inhumés : Jean Jouvenet, peintre habile, mort en 1717; Elisabeth-Sophie Cheron, peintre et poète, morte en 1711; Marie-Catherine Le Jumel de Barnéville, comtesse d'Aulnoy, auteur de contes de fées, morte en 1709; Etienne Baluse, savant estimé, mort en 1718, Jean-Baptiste Languet de Gergi, curé de Saint-Sulpice, dont le mausolée, exécuté en marbre et en bronze par Michel-Ange Stoldy, est remarquable par son mauvais goût.

LES INVALIDES.

Lorsqu'on rencontre sur son chemin un de ces vieux débris de nos armées victorieuses, un de ces hommes qui, après avoir assisté aux glorieuses, mais stériles batailles de la république et de l'empire, est venu réclamer l'asile que lui devait la nation pour prix de ses travaux et de ses blessures, on ne peut s'empêcher de rendre grâce au génie de Louis XIV, de ce grand roi dont le regard d'aigle savait embrasser toutes choses, et qui par cela même ne voulut pas souffrir plus long-temps que ceux qui avaient versé leur sang au service de la France, fussent obligés dans leurs vieux jours de demander de porte en porte l'obole de Bélisaire.

Henri IV, il est vrai, avait déjà songé à créer un établissement en faveur des soldats estropiés ou trop vieux pour pouvoir subvenir à leurs besoins, mais ce louable projet n'avait alors pu avoir qu'une demi-exécution. Louis XIII s'était également occupé des militaires hors de service et leur avait destiné le château de Bicêtre qui devait être appelé *Commanderie de Saint-Louis*. Sa mort vint s'opposer à la réalisation de ses vœux, qu'il appartenait à Louis XIV de remplir dignement. Ce prince, trouvant à juste titre le château de Bicêtre peu convenable, en disposa en faveur de l'hôpital général, et conçut alors le dessein de faire construire pour ses vieux soldats un édifice qui, par sa magnificence, pût égaler les palais les plus somptueux : l'hôtel des Invalides fut donc commencé en 1671, et les travaux en furent poussés avec tant d'activité, qu'il se trouvait, dès l'année 1671, en état de recevoir les militaires qu'on voulait y faire entrer et qui pour la plupart étaient des victimes récentes de la guerre.

Cependant, l'hôtel des Invalides était encore loin d'être achevé, car la dédicace de l'église ne put être faite que trente ans plus tard, en 1706. Ce fut le cardinal de Noailles, archevêque de Paris, qui présida à cette cérémonie. Les travaux nécessaires à la construction de l'édifice avaient été confiés à deux architectes, Libéral Bruant, qui fit élever sur ses dessins les bâtimens d'habitation, ainsi que la première église, et Jules-Hardoin Mansart, qui se chargea de l'exécution de la seconde église, communément appelée le *Dôme*.

Ce nouvel asile, ouvert au malheur, ne tarda pas à se remplir, et Louis XIV put bientôt aller recueillir en personne les actions de grâce de ses nombreux pensionnaires. Un auteur recommandable cite même, à ce sujet, une anecdote touchante que nous nous empressons de recueillir : « Lorsque le roi, dit-il, entrait aux Invalides, la garde ordinaire cessait ses fonctions pour être relevée sur-le-champ par une compagnie de ces vieux soldats. Cela fut ainsi décidé dès les premiers temps que Louis XIV alla visiter cet établissement. Les invalides, qui se pressaient autour de lui, se voyant repoussés un peu brusquement par la garde, parurent sensibles à cette espèce d'affront : le roi s'en aperçut, et avec cette bonté qui lui était naturelle, il déclara qu'il voulait qu'on traitât plus doucement ses anciens serviteurs et qu'il était en sûreté au milieu d'eux. Ils composèrent dès ce moment sa garde et cet usage s'est perpétué sous ses successeurs. »

L'emplacement sur lequel est bâti l'hôtel des Invalides a été partagé en cinq portions principales. Les cours entourées de bâtimens somptueux remplissent trois de ces divisions. Les églises occupent les deux autres. La totalité de l'édifice est entourée de fossés où l'on a planté des jardins du plus agréable aspect.

Les étrangers admirent surtout, dans leurs visites à l'hôtel des Invalides, la bibliothèque, les réfectoires, les cuisines, l'infirmerie et le dôme ou seconde église qui présente autant de richesse à l'intérieur que de somptueuse magnificence au-dehors. On y remarque quatre chapelles dédiées à saint Grégoire, à saint Jérôme, à saint Auguste et à saint Ambroise, qui, vues du centre de la rotonde, produisent le meilleur effet; le maître-autel est resplendissant de dorures, tandis que les voûtes sont ornées de peintures de grands maîtres, tels que *Jouvenet*, *Lafosse*, *Coypel*, *Louis* et *Bon Boulogne*. On dirait que Louis XIV a voulu, dans sa royale reconnaissance, prodiguer à ceux qui avaient jadis contribué à sa gloire, les trésors artistiques du grand siècle auquel il donna son nom.

Quel est l'habitant de Paris qui ne connaît pas le dôme brillant des Invalides avec sa lanterne dorée et son aiguille terminée par une croix, vénérable symbole d'une religion protectrice, qui s'élève assez haut pour être aperçu à des distances considérables? Ce dôme fut entièrement doré sous l'empire. Nous ne pouvons nous refuser, en terminant cette notice, au plaisir de citer les vers dans lesquels Thomas, dans sa *Pétréide,* nous dépeint, avec des couleurs éclatantes et vraies, la visite du czar Pierre-le-Grand à l'hôtel des Invalides.

« Vers les bords où la Seine, abandonnant Paris,
Semble de ces beaux lieux où son onde serpente,
S'éloigner à regret et ralentir sa pente,
D'un immense palais le front majestueux,
Arrondi dans la nue en dôme somptueux,
S'élève, et peuple au loin la rive solitaire.
Pierre y porte ses pas. La pompe militaire
Des tonnerres d'airain, des gardes, des soldats,
Tout présente à ses yeux l'image des combats :
Mais cet éclat guerrier orne un séjour tranquille.
« Tu vois de la valeur, tu vois l'auguste asile,
Lui dit Le Fort : jadis, pour soutenir ses jours,
Réduit à mendier d'avilissans secours,
Dans un pays ingrat, sauvé par son courage,
Le guerrier n'avait pas, au déclin de son âge,
Un asile pour vivre, un tombeau pour mourir.
L'Etat qu'il a vengé daigne enfin le nourrir.
Louis à tous les rois y donne un grand exemple. »
—Entrons, dit le héros... Tous étaient dans le temple.
C'était l'heure où l'autel fumait d'un pur encens ;
Il entre, et de respect tout a frappé ses sens.
Ces murs religieux, leur vénérable enceinte,
Ces vieux soldats épars sous cette voute sainte,
Les uns levant au ciel leurs fronts cicatrisés,
D'autres flétris par l'âge et de sang épuisés,
Sur leurs genoux tremblans pliant un corps débile,
Ceux-ci courbant un front saintement immobile,
Tandis qu'avec respect sur le marbre inclinés,
Et plus près de l'autel, quelques-uns prosternés,
Touchaient l'humble pavé d'une tête guerrière,
Et leurs cheveux blanchis roulaient sur la poussière.
Le czar avec respect les contempla long-temps.
« Que j'aime à voir, dit-il, ces braves combattans !

Ces bras victorieux glacés par les années,
Quarante ans de l'Europe ont fait les destinées.
Restes encor fameux de tant de bataillons,
De la foudre sur vous j'aperçois les sillons.
Que vous me semblez grands ! le sceau de la victoire
Sur vos ruines même imprime encor la gloire ;
Je lis tous vos exploits sur vos fronts révérés :
Temples de la valeur, vos débris sont sacrés. »
Bientôt ils vont s'asseoir dans une enceinte immense,
Où d'un repas guerrier la frugale abondance
Aux dépens de l'Etat satisfait leur besoin.
Pierre de leur repas veut être le témoin.
Avec eux dans la foule il aime à se confondre,
Les suit, les interroge ; et fiers de lui répondre,
De conter leurs exploits, ces antiques soldats
Semblent se rajeunir au récit des combats ;
Son belliqueux accent émeut leur fier courage.
« Compagnons, leur dit-il, je viens vous rendre hom-
    mage;
Car je suis un guerrier, un soldat comme vous. »
D'un regard attentif ils le contemplaient tous,
Et son front désarmé leur parut redoutable
Tout à coup le monarque approchant de leur table ;
Du vin dont leurs vieux ans réchauffaient leur langueur,
Dans un grossier cristal épanche la liqueur ;
« Mes braves compagnons, dit-il, je vous salue ! »
Et la coupe à la main, debout, la tête nue,
Il boit en même temps. Les soldats attendris,
A ce noble étranger répondent par des cris.
Tous ignoraient son nom, son pays, sa naissance,
Mais de son fier génie ils sentaient la puissance.
Leur troupe avec honneur accompagne ses pas :
Son rang est inconnu, sa grandeur ne l'est pas.

L'ÉCOLE MILITAIRE.

La construction de cet édifice ne date que du règne de Louis XV. Ce prince le destina à recevoir une certaine quantité de jeunes nobles de familles peu aisées qui devaient y être entretenus et élevés aux frais de l'état. Pour faciliter l'exécution de cette œuvre utile, le roi y consacra le bénéfice d'une loterie et les revenus de l'abbaye de Laon. Il ne s'agissait plus dès lors que de trouver un emplacement convenable pour recevoir les bâtimens de la nouvelle École. On fit choix d'un vaste terrain qui avait été originairement une garenne dépendante de l'abbaye de Saint-Germain, et l'architecte Gabriel commença les travaux, qui furent poussés avec activité.

Cependant, des élèves s'étant déjà présentés pour l'École Militaire, ils furent provisoirement logés au château de Vincennes, et transférés trois ans après, en 1756, dans l'édifice qui leur était spécialement destiné et qu'on n'avait pas même pris le temps de terminer entièrement; car ce ne fut qu'en 1769 que l'archevêque de Paris fut appelé à bénir la première pierre de la chapelle.

En 1788, on ajouta aux anciennes constructions un manège et un observatoire qui fut élevé sous la direction de M. Lalande.

Les bâtimens de l'École Militaire sont d'une architecture simple et imposante. On remarquait surtout la bibliothèque et le réfectoire.

Devant l'École Militaire est une place immense entourée de tertres et de belles allées d'arbres. Cette esplanade, appelée Champ-de-Mars, était primitivement destinée aux manœuvres des élèves de l'École, qui recevaient tous l'instruction nécessaire pour devenir d'excellens officiers. Le Champ-de-Mars est consacré maintenant aux exercices des troupes casernées dans l'Ecole Militaire. On y passe aussi des revues, et l'on y fait des courses de chevaux.

LE VAL-DE-GRACE.

La reine Anne d'Autriche ayant pris sous sa protection un certain ordre de religieuses de la réforme de Saint-Benoît, qui voulaient s'établir à Paris, leur fit don, en 1621, d'une maison appelée le *Fief de Valois* ou le *Petit-*

Bourbon, laquelle maison était bâtie sur une grande place dans le faubourg Saint-Jacques. Ce pieux cadeau coûta à la reine, outre 36,000 livres, prix de l'acquisition, des sommes considérables qui furent consacrées à des réparations indispensables et même à des constructions nouvelles.

Cependant Anne d'Autriche ne croyant pas sans doute avoir encore assez manifesté sa protection, résolut, après la mort de Louis XIII, de bâtir dans le monastère du *Val-de-Grâce* l'église magnifique qu'elle avait promis d'élever à Dieu, s'il voulait faire cesser sa stérilité. Et comme les anciens bâtimens n'eussent pas été en accord avec les nouveaux, elle donna ordre de les réédifier entièrement. Ce fut Louis XIV enfant qui posa la première pierre de ces nouvelles constructions, le 1er avril 1645.

Cette cérémonie se fit avec une pompe extraordinaire, dont le récit nous a été transmis par les historiens du temps. Mais bientôt les troubles de la Fronde étant venus distraire l'attention de la cour de toute autre pensée, les travaux furent suspendus jusqu'en 1655, année où on les reprit avec activité, car ils étaient entièrement terminés dès 1665.

Mansard avait été d'abord chargé de l'exécution de ce magnifique monument, et il l'avait fait commencer. Lorsque la reine s'aperçut que la réalisation des idées de l'illustre architecte coûterait des sommes immenses auxquelles le trésor ne pourrait suffire, elle le fit prier de réformer ses plans; mais il ne voulut rien entendre, et déclara formellement qu'il ne changerait rien aux dessins qu'il avait faits. Anne d'Autriche se vit donc obligée de lui ôter les travaux du Val-de-Grâce pour les confier à Jacques Lemercier qui ne devait pas lui-même les achever complètement, car bientôt après ils furent encore interrompus pour n'être repris qu'en 1654, sous la direction de Pierre Lemuet auquel on adjoignit plus tard Gabriel Leduc, architecte arrivant d'Italie. Ces deux hommes de mérite remplirent dignement la mission qui leur était confiée, et l'église du Val-de-Grâce devint entre leurs mains un des édifices les plus remarquables de Paris, tant par la hardiesse de ses proportions extérieures que par la magnificence et la richesse des ornemens qui le décorent.

Le maître-autel et la chapelle Ste.-Anne, dans laquelle étaient déposés les cœurs des princes et princesses de la famille royale, sont surtout empreints du cachet de grandeur que les illustres artistes du siècle de Louis XIV ont laissé à leurs ouvrages. L'or, le bronze, les marbres les plus rares y brillent de tous côtés, et l'œil est frappé, dès qu'on franchit le seuil du sanctuaire, de leurs éblouissans reflets.

L'église du Val-de-Grâce est surmontée d'un dôme entouré de consoles et de pilastres qu'on admirerait davantage, si Paris ne possédait pas déjà le dôme des Invalides et celui du Panthéon. Sa voûte intérieure a été peinte à fresque par Pierre Mignard, qui réussit à exécuter, dans l'espace de treize mois, cette immense page dont le sujet est le bonheur des élus dans le ciel. On y voit la reine Anne d'Autriche présentée par sainte Anne et saint Louis à l'Eternel à qui elle offre le plan du dôme du Val-de-Grâce.

Toutes les sculptures intérieures du Val-de-Grâce ont été exécutées avec le plus grand soin par les frères Auguier, et les inscriptions qui les accompagnent furent placées sous la direction de Quenel, alors intendant des édifices royaux.

Depuis la révolution, la destination de ce monument a été bien changée; le couvent s'est transformé en hôpital militaire; toutefois, l'église n'a pas, à beaucoup près, souffert autant que les autres édifices religieux mutilés et pillés par les Vandales sacrilèges de la révolution.

L'HOTEL-DE-VILLE.

En l'année 1212, il existait sur la place de Grève une grande maison appartenant à Philippe Cluin, chanoine de Notre-Dame. Philippe-Auguste l'ayant trouvée à sa convenance, en fit l'acquisition, et dès lors elle changea son surnom de *Maison de la Grève*, contre celui de *Maison aux Piliers*, à cause des piliers qui la soutenaient. Plus tard on l'appela *Maison aux Dauphins*, parce qu'il en avait été fait don aux derniers dauphins de Viennois. Jean d'Auxerre, receveur des gabelles de la prévôté de Paris, ne tarda pas à la recevoir en présent de Charles de France, et la donna à la ville en échange de 2880 livres parisis, le 7 juillet 1357. Jusqu'à cette époque, les officiers municipaux n'avaient pas eu d'endroit convenable pour tenir leurs séances; au reste, la *Maison aux Dauphins*, qui ne renfermait, ainsi que nous l'apprend Sauval, que deux cours, un poulailler, des cuisines hautes et basses, grandes et petites, des étuves accompagnées de chaudières et de baignoires, une chambre de parade, une autre d'audience appelée le *Plaidoyer*, une chapelle lambrissée, une salle couverte d'ardoises, longue de cinq toises et large de trois, et plusieurs autres commodités, n'était pas encore, à beaucoup près, assez vaste pour suffire aux exigences du corps municipal. La ville se vit donc obligée de la faire démolir, ainsi que plusieurs maisons environnantes sur l'emplacement desquelles Pierre Nicole, prévôt des marchands, posa le 15 juillet 1533 la première pierre de l'édifice qui existe aujourd'hui. On avait d'abord conçu le projet de le construire dans le style gothique, mais on ne donna pas de suite à cette idée, et *Dominique Boccadoro* dit *Cortoni*, architecte italien, fut chargé par le roi Henri II, en 1549, de le construire selon les règles de l'architecture de son pays. C'est sur les dessins de cet artiste que l'on a toujours continué à bâtir l'Hôtel-de-Ville, qui ne fut terminé qu'en 1605, au temps du fameux *François Miron*, prévôt des marchands, à qui l'on doit tant de monumens utiles.

Il est facile de voir que l'Hôtel-de-Ville a été construit dans ce temps de transition où l'on commençait à abandonner les écarts capricieux de l'architecture gothique pour revenir à la régularité parfois monotone du style grec ou romain. On y trouve un singulier mélange de bon et de mauvais goût qui ne doit pas étonner si l'on considère l'espèce d'hésitation qui existait alors parmi les artistes, dont les plus célèbres même n'osaient pas encore froisser ouvertement l'opinion générale.

La façade de l'Hôtel-de-Ville est très ornée. On voit au-dessus de la porte principale la statue équestre de Henri IV, sous le règne de qui l'Hôtel-de-Ville fut achevé. Cette figure est extrêmement défectueuse. Dans la cour qui est entourée de portiques, on rencontre une autre statue en bronze représentant Louis XIV avec un lion couché à ses pieds.

L'HOTEL-DIEU.

Au nombre des bienfaits du christianisme, il faut compter ces pieux asiles dans lesquels le pauvre succombant sous le poids de ses années ou de ses infirmités est toujours sûr de trouver l'hospitalité gratuite. La religion toute de charité, d'amour, dont les plus vénérables représentans nous ont si souvent répété que les hommes sont frères, devait inspirer à ses disciples ce dévouement sublime qui se rend maître des mouvemens impérieux de l'humanité, les écarte, les étouffe et engage celui qui le possède en son cœur à se soumettre aux soins les plus rebutans, aux travaux les plus pénibles dans la vue du soulagement de son prochain que Dieu lui a ordonné d'aimer comme lui-même.

Nous voyons dans l'histoire du Bas-Empire que, dès que les chrétiens eurent pu obtenir quelque autorité, ils en profitèrent pour établir des hôpitaux dans lesquels les païens étaient reçus avec autant d'empressement que les sectateurs de la religion nouvelle.

Aussi l'établissement des hospices, en France, paraît-il dater de l'époque où le christianisme parvint à triompher de l'idolâtrie. Alors c'était les évêques qui recueillaient les pauvres et les malades dans leurs propres maisons et leur prodiguaient les soulagemens nécessaires à leur état. Cependant on sentit bientôt dans les grandes villes la nécessité de posséder des édifices exclusivement consacrés à cette charitable destination, et de toutes parts des hôpitaux s'élevèrent.

Les savans qui se sont spécialement occupés de l'histoire de la ville de Paris ne sont pas d'accord sur la date précise de la fondation de l'Hôtel-Dieu. Cependant il paraît assez probable que cette maison de refuge pour les pauvres a été construite dans le IXe siècle, car le premier titre où il en soit parlé est de l'année 829. L'Hôtel-Dieu, appelé alors *Maison de Dieu*, n'était destiné dans l'origine qu'à recevoir temporairement les pélerins, les voyageurs, toutes les personnes enfin qui se trouvaient dans le malheur et ne pouvaient subvenir elles-mêmes aux premières nécessités de la vie; on y recevait alors peu de malades. Ce ne fut que vers la fin du XIIe siècle qu'on put en admettre un plus grand nombre, tous les chanoines de Notre-Dame, à l'administration desquels était confié l'Hôtel-Dieu, ayant été forcés, par un décret de l'année 1168, à laisser après leur mort un lit avec ses dépendances à la *Maison de Dieu*. En 1217, Etienne, doyen de Paris, composa, d'accord avec le chapitre, un réglement qui fixait le nombre des personnes attachées au service de l'Hôtel-Dieu et les fonctions qu'elles avaient à remplir. Ces employés ne devaient pas être plus de soixante-trois, savoir: quatre prêtres, quatre élèves, trente frères laïques et vingt-cinq sœurs. Tous les membres de cette administration prenaient le titre de *frères* ou *sœurs* de l'Hôtel-Dieu, sans être toutefois soumis à la règle d'aucun ordre religieux.

Les statuts d'Etienne furent en vigueur jusqu'à l'année 1505, où l'on y fit des changemens considérables. Ainsi tout le personnel de l'Hôtel-Dieu fut réformé et se composa dès lors de huit notables et d'un receveur élu par le prévôt des marchands et les échevins, pour la partie administrative; et plus tard huit chanoines réguliers de l'ordre de Saint-Augustin furent introduits avec la mission de réformer entièrement le gouvernement spirituel. Cette pieuse entreprise leur réussit pleinement, et depuis on eut souvent lieu de reconnaître l'efficacité de leurs pieuses institutions.

Philippe-Auguste, et surtout saint Louis, avaient comblé l'Hôtel-Dieu de toutes les faveurs que la puissance royale peut accorder à ces sortes d'établissemens; ses anciennes constructions étant devenues bientôt insuffisantes pour contenir tous les malades qui se présentaient, furent augmentées successivement jusqu'en 1714, au moyen des nombreuses acquisitions de terrains que firent les *frères* et *sœurs* de l'Hôtel-Dieu et des dons magnifiques de plusieurs de nos rois. Les particuliers même joignirent leurs libéralités aux libéralités royales ; car nous lisons que, dès l'année 1198, un nommé Adam, clerc du roi, lègue deux maisons à l'Hôtel-Dieu; puis c'est le cardinal Antoine Duprat, légat en France, qui fait construire sur l'emplacement d'une maison, située sur le Petit-Pont, une salle appelée depuis *salle du légat*, afin de rappeler la dignité de son fondateur; puis nous voyons le sieur Pompone de Bellièvre achevant à ses frais et dépens la salle St-Charles, puis enfin beaucoup d'autres dont le nom est enveloppé dans les ténèbres de l'oubli, mais dont les bienfaits exercent encore sur les malheureux une salutaire influence.

Ce fut en 1714 que l'Hôtel-Dieu obtint le droit d'un neuvième sur le prix de chaque entrée au spectacle. Il était juste que les établissemens consacrés à l'oisiveté et au plaisir payassent ainsi la dette de l'humanité ; aussi le droit des hospices s'est-il conservé jusqu'à nos jours. Grâce à ce nouvel impôt si utile en même temps et si légitime, les administrateurs de l'Hôtel-Dieu purent encore le réparer et l'agrandir. Ils firent même, en 1724, l'acquisition du Petit-Châtelet sur l'emplacement duquel ils comptaient élever de nouveaux bâtimens ; ce projet n'a jamais été mis à exécution.

Depuis, l'Hôtel-Dieu eut à souffrir les ravages de deux incendies qui se succédèrent à peu de distance l'un de l'autre. Louis XVI, dans son inépuisable bonté, répara autant que possible les pertes occasionnées par ces catastrophes imprévues, et il comptait encore ajouter de nouvelles faveurs à ses nombreuses libéralités, lorsque la révolution vint bouleverser et anéantir les projets les plus généreux.

La partie la plus remarquable de l'Hôtel-Dieu sous le rapport de l'architecture, c'est le portail actuel qui a remplacé celui dont nos pères admiraient le travail. Il est d'une simplicité noble et convenable, parfaitement en rapport avec la destination des bâtimens auxquels il sert d'entrée. Tous les pauvres malades sont indistinctement reçus à l'Hôtel-Dieu, de quelque classe de la société et de quelque religion qu'ils puissent être. Là les soins les plus efficaces leurs sont gratuitement prodigués par des médecins habiles jusqu'au jour où l'on juge qu'ils peuvent sortir sans danger.

Depuis long-temps on parle de transporter l'Hôtel-Dieu sur un emplacement plus sain, où les malades ne soient pas exposés aux inconvéniens qui résultent du voisinage immédiat d'une eau presque stagnante et corrompue ; espérons que l'on l'on réalisera enfin un si louable projet.

LA FONTAINE DES INNOCENS.

Dans une des plus belles journées de l'année 1550, on voyait une multitude de personnes de tout rang et de tout âge rassemblée à l'angle que forment la rue Saint-Denis et la rue aux Fers. Cette foule resta quelque temps immobile et silencieuse, mais bientôt le sentiment qu'elle éprouvait se fit jour au travers de son religieux étonnement, et une agitation extrême succéda à cette tranquillité momentanée qui la précède presque toujours. Bientôt l'air retentit des cris mille fois répétés de : « Vive Pierre Lescot ! vive Jean Goujon ! » honneur aux immortels artistes ! » Et, au milieu de ce joyeux tumulte, deux hommes n'ayant presque l'apparence que de simples ouvriers, essuyaient ces heureuses larmes d'artistes, nobles et douces compagnes d'un triomphe inespéré.

Alors l'étranger qui venait d'arriver dans Paris *la grand'ville*, selon le langage naïf de l'époque, le pélerin qui avait abandonné le lieu de sa naissance pour aller visiter la chapelle de quelque saint en renom, demandaient tout surpris le motif de cette réjouissance publique, et la personne qu'ils avaient interrogée leur répondait : « Comment ne savez-vous pas que Pierre Lescot et Jean Goujon ont terminé ce matin la fontaine des Innocens! Venez et admirez! » Et l'étranger, ainsi que le pélerin, joignaient bientôt leurs acclamations à celles de la foule, et ils criaient : Vive Pierre Lescot, vive Jean Goujon! Hélas, le dernier de ces deux grands hommes devait être, vingt-deux ans après, en retouchant son chef-d'œuvre, frappé à mort d'un coup d'arquebusade de la Saint-Barthélémy! Maintenant passons à l'historique de la fontaine des Innocens.

Ce gracieux monument, qui fait partie du riche héritage que nous a légué la renaissance, était destiné à remplacer une autre fontaine dont l'existence remontait jusqu'au XIIIe siècle. Au reste, il n'était pas alors tel que nous le voyons aujourd'hui. Il se composait de trois arcades surmontées d'un fronton et accompagnées de pilastres composites, dont cinq figures de nayades occupaient les intervalles. L'eau s'échappait avec grâce du soubassement de l'édifice qui était orné en outre de six bas-reliefs d'un goût exquis.

Lorsqu'on eut l'idée de convertir en marché public l'emplacement de l'église des Innocens et des fameux charniers de ce nom, l'on pensa à placer, au milieu du nouveau marché, un monument qui pût être à la fois agréable et utile. On avait jeté d'abord les yeux sur la fontaine des Innocens; mais l'irrégularité de la forme et la difficulté de la transporter au lieu où on aurait voulu qu'elle fût placée, présentaient tant d'obstacles, que l'on allait renoncer à ce projet, lorsqu'un architecte, nommé Six, ne craignit pas de s'engager à l'exécuter de point en point.

Un beau et légitime sucès couronna cette périlleuse entreprise.

La fontaine des Innocens était, ainsi que nous l'avons dit plus haut, composée de trois arcades. Six en ajouta une quatrième absolument semblable aux trois autres, afin de donner au monument la régularité convenable. Il ne fallut pas moins de sept artistes pour exécuter les dessins et pour veiller au transport de la fontaine. Voici leurs noms : MM. Poyet, Legrand, Molinos, Pajou, Lhuilhier, Mezières et Daujon.

C'est grâce à eux que nous admirons, au

milieu du marché des Innocens, un des plus beaux monumens que la France possède.

La hauteur de la fontaine des Innocens est de quarante-deux pieds et demi; elle est surmontée d'une coupole recouverte en cuivre et façonnée en écailles de poisson.

L'ÉGLISE SAINTE-GENEVIÈVE.

Il y a des édifices qui ont du malheur; tantôt ils reçoivent une destination, tantôt une autre; à chaque révolution le parti triomphant vient s'y établir de vive force pour y dresser des autels au Dieu qu'il adore. Le Panthéon est de ce nombre; tour à tour église, puis espèce de cabinet d'histoire naturelle où toutes nos grandes illustrations modernes devaient venir successivement se *momifier*, ainsi que les rois d'Égypte dans les pyramides du désert; puis église encore, et enfin, aux jours de la révolution de 1830, rendue à ce culte étrange de 93, qui tout en vous défendant d'adorer le créateur des hommes, vous ordonnait de vous agenouiller devant une centaine de cercueils, dont les débris seront balayés tôt ou tard par le souffle d'une nouvelle tempête. La France offre malheureusement à chaque pas de ces exemples d'inconséquences qui nous ont donné chez les autres peuples une réputation de légéreté dont nous ne devons pas être fiers.

Ce fut en 1754 que l'abbé et les chanoines de Sainte-Geneviève ayant remontré au roi que l'ancienne église allait incessamment tomber en ruines, et que même la vie des fidèles qui venaient y prier, était à chaque instant menacée, il fut ordonné qu'il serait élevé sur-le-champ un monument digne de la patronne de Paris, sous l'invocation de laquelle il devait être placé. On établit à cet effet sur les billets de loterie un impôt d'un cinquième, qui fournit aux frais de construction de la nouvelle église, dont Louis XV vint solennellement poser la première pierre, en l'année 1764. On avait employé le délai qui s'était écoulé jusqu'à cette époque à construire l'église souterraine dont l'édification présenta de grandes difficultés à cause des puits creusés naguère en cet endroit par les nombreux potiers dont le quartier était rempli.

L'exécution de Sainte-Geneviève avait été confiée à l'architecte Soufflot, récemment arrivé d'Italie. Il avait présenté des dessins qui faisaient concevoir les plus légitimes espérances, et déjà l'église Sainte-Geneviève s'élevait majestueusement avec son dôme imposant, avec ses riches et délicates sculptures, lorsque l'on s'aperçut tout-à-coup que l'édifice, entraîné par son propre poids, allait s'écrouler si l'on ne remédiait le plus promptement possible au vice de sa construction. Un architecte, nommé Rondelet, fut chargé, en 1770, de cet important travail, dont il s'acquitta avec une rare habileté. C'est à lui que nous devons la conservation d'un de nos monumens les plus remarquables.

L'église Sainte-Geneviève n'est pas cependant totalement exempte de défauts; le dôme, dont on admire la hardiesse, à juste titre, ne repose pas sur une base assez large, assez imposante ; les colonnes du dehors sont rétrécies hors de toute proportion dans leur partie inférieure, et le portail lui-même est trop lourd et trop massif pour le reste de l'édifice.

Le plafond de la coupole de Sainte-Geneviève a été peint, il y a quelques années, par le célèbre Gros, qui fut nommé baron à cette occasion.

L'INSTITUT, AUTREFOIS COLLÉGE MAZARIN.

Le 6 mars de l'année 1661, le célèbre cardinal Mazarin, sentant que l'heure de sa mort approchait, dicta un testament par lequel il ordonnait, sous le bon plaisir du Roi, qu'un collége portant son nom serait construit à ses dépens. Soixante jeunes gentilshommes ou principaux bourgeois des pays récemment conquis (1), devaient y être admis, pour y recevoir une éducation complète. Une somme de deux millions en espèces, 45,000 livres de rente sur l'Hôtel-de-ville et le revenu d'une abbaye, étaient destinés à assurer la prospérité du nouvel établissement, dont la construction fut commencée peu de temps après la mort de Mazarin, par les soins de ses exécuteurs testamentaires.

Ils avaient été d'abord fort indécis quant au choix du terrain nécessaire ; cependant,

(1) Ces pays étaient partagés en quatre grandes divisions : 1 Pignerol et son territoire ; 2º l'état ecclésiastique ; 3º l'Alsace et pays d'Allemagne ; 4º la Flandre et le Roussillon. C'est ce qui a fait donner également au collége Mazarin le nom de collége des Quatre-Nations.

ils finirent par s'arrêter à l'emplacement sur lequel s'élevaient quelques débris de l'hôtel de Nesle, et entre autres la fameuse tour de ce nom. Ils joignirent à cette acquisition celle de plusieurs maisons environnantes qui furent abattues sans délai ; et bientôt, en 1662, les travaux du collége Mazarin se poursuivirent avec activité, sous la direction des trois architectes, Lavau, Lambert et d'Orbay, dont les talens réunis ne réussirent qu'à créer un édifice très ordinaire sous le rapport de l'art.

En effet, à l'exception du dôme et du fronton qui couronne l'entrée principale de l'ancienne chapelle, morceaux où l'on pourrait même trouver encore de nombreux défauts à reprendre, tout le reste est d'une insignifiance qui fait peu d'honneur au triumvirat d'artistes dont nous venons de parler.

La bibliothèque, l'une des plus belles et des plus complètes de Paris, est placée dans le pavillon gauche de la première cour ; elle se composait primitivement des bibliothèques du cardinal Mazarin, de Gabriel Naudé, et du chanoine Descordes, réunies ensemble après la mort de ces différens personnages. Elle a été considérablement augmentée depuis, par les soins des divers gouvernemens qui se sont succédé en France.

Les bâtimens de la seconde cour, qui est immense, renfermaient les classes, les dortoirs des élèves, ainsi que les chambres des maîtres. Ceux de la troisième cour étaient consacrés aux cuisines et offices.

Il y a déjà long-temps que la destination de cet édifice est changée; il sert maintenant de lieu d'assemblée aux quatre académies. Plusieurs peintres et beaucoup de sculpteurs y ont leurs ateliers, et y occupent des appartemens qui leur ont été donnés par l'état.

Le cardinal Mazarin avait été inhumé dans la chapelle du collége, et l'on regardait son tombeau comme un chef-d'œuvre de l'art. Cependant il faut prendre garde de se laisser abuser par ces éloges des auteurs contemporains, dont quelques-uns avaient besoin de l'artiste qu'ils vantaient avec exagération, ou du moins voulaient ménager son amour-propre.

Quelques colonnes du portail ont été fort mutilées par les balles et les boulets, aux journées de juillet 1830. Ainsi chaque tempête populaire laisse après elle des traces de son passage.

L'OBSERVATOIRE.

C'est encore à Louis XIV que nous devons ce monument. Ce prince, dont le génie ne dédaignait pas de faire de royales avances aux savans étrangers, afin de les attirer au sein de ses états, ne devait pas oublier dans la liste des sciences placées sous la protection de son immense sollicitude, ce grand art de l'astronomie, qui rapproche l'homme de son créateur, en lui révélant des mystères qu'il semble que Dieu seul devait savoir.

Le célèbre astronome Cassini, cédant aux instances du fils d'Anne d'Autriche, quitta l'Italie pour la France, et vint recueillir, à la cour de Versailles, les félicitations les plus flatteuses et les plus riches faveurs. Déjà avant son arrivée, le roi avait eu l'idée de faire construire un édifice exclusivement destiné aux observations astronomiques, et avait même chargé Claude Perrault d'en exécuter les dessins. La première pierre de ce monument utile fut posée au mois d'août 1667 ; il était terminé entièrement en 1672.

Soit que les mesures eussent été mal prises ou que Perrault, qui ne manquait pas d'un certain orgueil blâmable dans un artiste de talent, n'eût voulu suivre que les conseils de son expérience, fort limitée sous le rapport de l'astronomie, il arriva qu'au moment où l'édifice était presque achevé, des réclamations s'élevèrent de toutes parts, contre des défauts dont les astronomes se plaignaient surtout hautement et avec énergie. Colbert ayant prêté l'oreille à ces plaintes fondées, engagea Cassini à indiquer à Perrault les vices de construction qui pouvaient nuire aux opérations de la science. Mais il paraît que l'architecte opiniâtre se révolta contre les remontrances du savant et ne changea rien à ses premiers dessins. De cette obstination sont résultés de graves inconvéniens, au nombre desquels il faut citer l'incommodité des cabinets où étaient placés les instrumens nécessaires aux observations astronomiques et même l'impossibilité totale où l'on fut de se servir de quelques endroits disposés à grands frais pour des expériences qui ne pouvaient y être faites. Depuis on s'est efforcé de réparer le mal à force de travaux devenus indispensables. Mais quoique l'Observatoire y ait considérablement gagné, il est loin encore de remplir sa destination d'une manière satisfaisante.

Au reste, l'édifice en lui-même n'offre rien

de remarquable sous le rapport de l'architecture extérieure : il est fort peu orné, et à l'exception de deux trophées astronomiques, placés sur l'avant-corps de la façade du midi, on n'y découvre aucune trace de sculpture. Les caves de l'Observatoire, qui servent à faire des expériences sur les diverses températures de l'air, sont immenses, et se composent d'environ cinquantes rues souterraines.

LA SORBONNE.

Nous voici encore dans le séjour de la science.

Ce fut vers l'année 1256, que Robert de *Sorbon* ou de *Sorbonne*, chapelain de saint Louis, homme d'une naissance pauvre et obscure, mais d'un mérite transcendant, se rappelant tout ce qu'il avait eu à souffrir de l'adversité, au commencement de sa carrière, et les difficultés qu'il avait été obligé de surmonter pour acquérir une instruction bien rare alors, conçut le projet de fonder une maison dans laquelle un certain nombre d'ecclésiastiques séculiers seraient reçus gratuitement, afin de perfectionner leur éducation première, et de pouvoir donner en même temps des leçons à des écoliers pauvres comme eux.

Saint Louis approuva ce dessein, et pour en faciliter l'exécution, céda à Robert de Sorbonne plusieurs maisons situées dans la rue *Coupe-Gueule*, et dans celle appelée des *Deux-Portes*. Dès lors, Robert s'empressa de faire élever les premiers bâtimens du nouveau collége, ainsi qu'une chapelle destinée à ses futurs habitans. Puis, en 1271, il ajouta aux premières constructions un second édifice spécialement consacré à l'enseignement des humanités et de la philosophie, en y joignant de même une chapelle placée sous l'invocation de la Vierge : ce collége, moins important que le premier, s'appela pour cette raison *la petite Sorbonne*.

A peine la Sorbonne eut-elle été fondée, qu'elle trouva de puissans protecteurs. Nous citerons entre autres Robert de Douai, chanoine de Senlis et médecin de la reine Marguerite de Provence, qui lui laissa en mourant un legs assez considérable ; Guillaume de Chartres, chanoine de cette ville, et Guillaume de Némont, chanoine de Melun, chapelain de saint Louis.

Jusqu'au règne de Louis XIII, la Sorbonne

resta à peu près dans l'état où elle se trouvait du temps de son fondateur ; mais le cardinal de Richelieu, qui avait étudié la théologie à la Sorbonne, résolut de la faire rebâtir entièrement, et confia à l'architecte Lemercier, le soin de cette vaste entreprise. L'archevêque de Rouen posa la première pierre des bâtimens du collége, en 1627; celle de l'église ne fut posée par Richelieu qu'en 1635. La totalité de l'édifice n'a été achevée qu'en 1653.

Au reste, les réglemens intérieurs de la Sorbonne restèrent, à peu de chose près, les mêmes que ceux qui étaient en vigueur avant sa reconstruction. Trente-sept professeurs y avaient leurs logemens, ainsi qu'un grand nombre de pauvres étudians, de bacheliers et de docteurs. Ses habitans se divisaient en deux classes, dont les membres étaient distingués par les dénominations d'*hôtes* et d'*associés*. L'union et l'égalité la plus parfaite régnait parmi eux, et de là est résultée la longue prospérité d'un établissement aussi utile.

La bibliothèque, vaste et magnifique, possédait, au dire des historiens de Paris, soixante mille volumes et cinq mille manuscrits. On y trouvait plus de huit cents bibles et une grande quantité de livres de théologie.

Mais ce que les connaisseurs admiraient le plus, c'était l'église, qui est couronnée, selon l'usage du temps, par un dôme à l'imitation de ceux de Saint-Pierre de Rome et de Saint-Paul à Londres. Il paraît cependant que l'intérieur l'emportait encore sur l'extérieur en richesse et en magnificence; des marbres éclatans de peintures de Philippe de Champagne, et le mausolée du cardinal de Richelieu, exécuté par Girardon, peuvent justifier les éloges de ceux qui ont vu ces raretés dans toute leur fraîcheur avant que la révolution de 89 fût venue les mutiler ou les détruire. La Sorbonne est maintenant le chef-lieu de l'Université de Paris, qui s'en sert pour ses grandes solennités.

HOTEL DES MONNAIES.

Ainsi que nous avons déjà eu occasion de le dire, les premiers rois de France faisaient battre monnaie dans l'intérieur même de leurs palais. Nous trouvons dans les capitulaires de Charlemagne (édition d'Etienne Baluze) un article composé tout exprès par ce grand prince, qui peut fixer tous les doutes à cet égard.

Cependant, sous la troisième race, l'administration des monnaies s'étant régularisée, on construisit un édifice exclusivement destiné à la fabrication du numéraire. On ne sait pas positivement dans quelle rue ce premier établissement fut placé. On a tout lieu de penser cependant qu'il s'élevait dans la rue de la Vieille-Monnaie; il fut ensuite transféré dans la rue de la Monnaie; on croit que ce changement s'opéra sous le règne de Louis IX, ou sous celui de Philippe-le-Hardi; puis nous voyons qu'au temps de Henri II les espèces étaient frappées dans le *Moulin de la Monnaie*, placé sur la rivière; puis dans la rue du Mouton, à l'hôtel de Nesle, et enfin dans la galerie du Louvre. Louis XIII y fit transporter tout le matériel de cette fabrication, qui ne devait pas se borner à ces nombreuses mutations, puisqu'il se vit encore une fois obligé de prendre le chemin de l'ancien hôtel de la rue de la Monnaie, où il demeura jusqu'au moment de son installation définitive dans l'édifice somptueux qu'on lui a élevé à grands frais, et dont la première pierre fut posée, en 1771, par le fameux abbé Terray, contrôleur-général.

On ne pouvait faire un choix plus heureux que celui de l'architecte Antoine pour la construction de l'Hôtel des Monnaies, travail dans lequel cet ingénieux artiste fit preuve tout à la fois d'habileté et de bon goût. Ce qui surtout doit être remarqué à son éloge, c'est qu'il sut éviter les deux écueils les plus redoutables en cette circonstance, la profusion exagérée d'ornemens peu convenables à la destination du monument, ou la trop grande simplicité de lignes qui aurait pu rendre son aspect triste et monotone.

L'Hôtel des Monnaies est divisé en trois cours principales et quelques autres moins importantes environnées de bâtimens majestueux. Celui dont la façade donne sur le quai est le plus beau et le plus important ; il renferme un des plus riches cabinets de minéralogie qui existent en Europe, des salles où sont déposées de curieuses machines, les logemens des employés et le local de l'administration. Les autres corps de logis sont consacrés aux ateliers et magasins indispensables. Ce sont les sculpteurs Pigale, Mouchy et Lecomte, qui ont exécuté les figures qui décorent sa façade principale, et qui représentent la Loi, la Prudence, la Force, l'Abondance, le Commerce et la Paix : la façade de la rue Guénégaud est également ornée de bas-reliefs sculptés par Cafferie et Dupré.

Dans le fond de la salle des Balanciers, on remarque une statue de la Fortune par Mouchy ; sur les arcades et les portes de la cour principale sont placés les bustes de Henri IV, de Louis XIII, de Louis XIV et de Louis XV. On est admis à visiter l'Hôtel des Monnaies avec des billets délivrés par le directeur.

ÉGLISE DE LA MAGDELEINE.

Lorsque, placé au centre de la place Louis XV, vous jetez les yeux sur les objets qui vous entourent, il vous est impossible de ne pas admirer la magnifique vue que vous avez devant vous, de quelque côté que vous tourniez vos regards. D'abord, c'est cette majestueuse avenue des Champs-Elysées que termine si pompeusement l'arc de triomphe de l'Etoile, puis le palais des Tuileries avec ses riches bassins et son rideau de maronniers, puis le pont Louis XVI, chargé du poids des grands hommes du temps passé, ainsi que de celui des orateurs modernes qui s'acheminent pédestrement vers le palais de la chambre des députés, et enfin la rue Royale, une des plus belles et des plus larges de Paris, au bout de laquelle s'élève ce monument à peine achevé, qui ressemble tellement à un temple grec, que nous avons encore de la peine à croire qu'il soit destiné au Dieu des chrétiens.

Cet édifice, dont l'architecture porte ainsi le cachet du paganisme, est bien pourtant une église placée sous l'invocation de la Magdeleine : remontons à son origine.

Des preuves irrécusables attestent qu'au XIIIe siècle, il existait, sur cet emplacement, une chapelle de petite dimension, appelée chapelle de la Ville-l'Evêque, dépendante de Saint-Germain-l'Auxerrois. En 1493, Charles VIII la fit remplacer par une église que l'on plaça dès lors sous l'invocation de sainte Magdeleine, sans doute à cause de la confrérie du même nom, qui venait d'être instituée récemment. Cette église fut érigée en paroisse en 1639, mais comme elle se trouvait trop petite pour le nombre des fidèles, on résolut de la rebâtir sur une échelle plus vaste. La première pierre en fut posée le 8 juillet 1659, par Anne-Marie-Louise d'Orléans, princesse souveraine de Dombes. Un siècle s'était écoulé, et l'on se vit encore dans la nécessité de reconstruire la Magdeleine qui devenait une seconde fois trop peu spacieuse en égard à la quantité de ses paroissiens. Le monument que l'on termine maintenant fut donc commencé en 1764, sous la direction de Contant-d'Ivri, architecte du duc d'Orléans, à qui succéda Couture, en 1777. Cependant les travaux de la nouvelle église n'empêchèrent pas de se servir de l'ancienne jusqu'à l'époque désastreuse de la révolution, où elle fut abattue, et où l'on cessa de s'occuper de la construction de la Magdeleine. Quelques années après, Napoléon y fit travailler de nouveau, dans l'intention de donner au monument la destination d'un Temple de la Gloire: mais les travaux furent suivis avec tant de lenteur, sous l'empire et la restauration, que l'église de la Magdeleine n'est pas maintenant encore entièrement terminée.

Cependant, il est juste de dire que l'on s'occupe avec activité de la décoration intérieure de ce monument. Des sculpteurs distingués, des peintres habiles y sont employés et prodiguent pour cette œuvre toutes les ressources de leur talent. Malgré leurs efforts, il est à croire que jamais l'architecture profane de la Magdeleine n'égalera l'effet de ces sublimes cathédrales gothiques dans lesquelles tout parle de Dieu.

Les sculptures du fronton, exécutées par M. Lemaire, représentent Jésus-Christ séparant les justes des méchans au jugement dernier, Sainte-Magdeleine est prosternée aux pieds du fils de Dieu, et semble essayer de fléchir son immuable justice.

L'ARSENAL.

Les premiers dépôts d'armes dont il ait été parlé dans l'histoire de Paris, étaient au Louvre, soit dans la tour, soit dans la basse-cour du côté de Saint-Thomas du Louvre : plus tard les arsenaux des rois de France furent transportés à la Bastille, à l'hôtel Saint-Paul, à la tour de Billy, à celle du Temple et à la Tournelle.

Cependant il exista aussi un arsenal sur l'emplacement où l'on a construit depuis celui qui existe aujourd'hui ; ce magasin d'armes et de munitions de guerre appartenait à la ville de Paris. Charles VII avait donné, en 1396, une partie du terrain appelé Champ-au-Plâtre, au duc d'Orléans, son frère, qui voulait y faire construire un hôtel; mais le reste, qui était encore assez considérable, demeura la propriété de la ville, dont les principaux magistrats décidèrent qu'il serait élevé dans ce lieu un arsenal plus convenable et plus commode que ceux que l'on possédait auparavant. Les bâtimens nécessaires furent donc construits, et la ville croyait pouvoir jouir encore long-temps de l'établissement qu'elle avait formé pour elle, lorsqu'en 1533 François Ier lui emprunta une de ses granges, sous prétexte d'y faire fondre des canons; puis il en demanda une seconde, s'engageant à la restituer, mais il paraît qu'il ne put tenir cette promesse; car, en 1547, les deux granges étaient encore entre les mains des *gens du roi*. Henri II, qui régnait alors, ne se contentant pas d'une si mince propriété, demanda au prévôt des marchands pour une nouvelle fonte de canons, encore quelques bâtimens de l'Arsenal, qui lui furent accordés sous promesse de restitution, ou du moins de dédommagement. Malheureusement le roi ne tarda pas à perdre le souvenir de cet engagement, et bientôt même s'empara entièrement de l'Arsenal. Il y fit ajouter de nouvelles constructions qui furent détruites par une explosion de poudre, le 28 janvier 1562.

Henri IV, en sa qualité de roi guerrier, devait nécessairement s'occuper de rendre l'arsenal digne de son importante destination; il ne pouvait le remettre en de meilleures mains que celles de Sully, pour qui il créa tout exprès la charge de grand-maître de l'artillerie qui fut supprimée depuis, en l'année 1755. Ce grand ministre remplit parfaitement les vues du grand prince et établit dans le dépôt des armes et munitions un ordre auquel on n'avait pas même songé jusque là.

En 1713, on abattit une partie des anciens bâtimens de l'Arsenal qui menaçaient ruine, et ce ne fut qu'en 1718 qu'on les remplaça par ceux qui existent aujourd'hui. Henri II avait fait construire deux fonderies d'où sortirent les pièces d'artillerie dont on faisait usage en France; mais à partir du règne d Louis XIV on ne s'en servit plus que pour fondre les statues de Marly et de Versailles. Il y avait *le grand* et *le petit arsenal*. Le grand était composé de cinq cours; le petit de deux; dans chacune de ces divisions étaient logés le grand-maître, le lieutenant-général, le contrôleur général, etc. Les ornemens de la seconde porte avaient été, dit-on, sculptés par Jean Goujon.

ÉGLISE DE L'ASSOMPTION.

Cet édifice surmonté d'une coupole qui s'élève dans la rue Saint-Honoré, et dont l'aspect est si différent de celui des anciens monumens religieux de Paris, c'est l'église de l'Assomption. Elle fut commencée en 1670 et terminée en 1676. On la doit aux religieuses de l'Assomption qui avaient succédé aux Haudriettes, ordre fondé par Etienne Haudri en faveur des filles pauvres et des veuves. Cette communauté occupait d'abord une maison dans la rue de la Mortellerie, près la Grève. Alors les femmes dont elle était composée n'étaient soumises à aucune discipline; ce ne fut qu'en 1620 qu'elles se lièrent par des vœux solennels et irrévocables, en adoptant la règle de Saint-Augustin. Deux ans après, elles abandonnèrent leur habitation de la rue de la Mortellerie pour s'établir définitivement dans l'hôtel du cardinal de Larochefoucault, vendu, en 1605, aux Jésuites, qui l'avaient à leur tour cédé à ces religieuses. Pendant plusieurs années, elles se contentèrent de la très petite chapelle de leur nouvelle demeure. Mais enfin, ainsi que nous l'avons dit plus haut, elles résolurent, en l'année 1670, de se faire construire une église convenable, et elles confièrent l'exécution de ce monument à Evrard, peintre du roi et premier directeur de l'académie de France à Rome. On ne doit pas s'étonner ici de voir un peintre diriger les travaux d'architecture. Le célèbre Lebrun a imprimé le cachet de son génie sur la plupart des monumens du siècle de Louis XIV.

Au reste, l'église de l'Assomption n'offre rien de remarquable sous le rapport de l'art. Avant la révolution, elle renfermait quelques bons tableaux.

ÉGLISE SAINT-LOUIS-EN-L'ILE.

On voit à l'est de la Cité une île dont elle n'est séparée que par un petit bras de la rivière. Cette île, divisée autrefois par un canal, était composée de deux portions distinctes, dont l'une portait le nom d'île *Notre-Dame* et l'autre celui d'île aux *Vaches*. Ces deux morceaux de terre n'étaient alors que des prairies et appartenaient à l'église Notre-Dame. On ignore par qui ils lui avaient été concédés ; mais ce qu'il y a de certain, c'est que la possession lui en fut confirmée en l'année 867 par Charles-le-Chauve. Il est probable que les ponts qui, au Nord et au Midi, servaient de communication avec ces îles, furent emportés par l'inondation qui exerça de cruels ravages en 1296 ; car on trouve dans les archives de Notre-Dame qu'en 1313, lors des fêtes brillantes que Philippe-le-Bel donna en présence d'Edouard II, roi d'Angleterre, on passa le quatrième jour dans l'île Notre-Dame, sur un pont de bateaux établi pour la circonstance. Ce fut en ce lieu que Nicolas, légat du pape, prêchant la croisade, inspira un tel enthousiasme aux assistans que tous, voire même les femmes, prirent la croix en jurant de faire le voyage d'outre-mer.

L'île Notre-Dame fut fortifiée pendant la captivité du roi Jean : le dauphin Charles donna, en 1359, des lettres qui assuraient les droits du chapitre de Notre-Dame sur cette île et celle qui en dépendait. Plus tard, Henri IV la comprit dans les plans qu'il faisait pour l'agrandissement de Paris ; mais ce ne fut que sous le règne de Louis XIII que l'on y construisit quelques bâtimens. Lorsque les deux îles, qui avaient été réunies en une seule, commencèrent à être habitées, on comprit qu'il était indispensable de remplacer par un temple plus spacieux la petite chapelle élevée vers l'année 1600 aux dépens d'un maître-couvreur, appelé Nicolas-le-Jeune, qui le premier avait bâti sur ce terrain. Cette chapelle fut considérablement agrandie en 1622, et, l'année suivante, M. de Gondi l'érigea en paroisse sous le nom de Notre-

Dame-de-l'Ile. Environ vingt ans après, lorsque l'île Notre-Dame eut changé son nom pour celui d'île Saint-Louis, cette église prit le titre de Saint-Louis-en-l'Ile. De 1664 à 1725, elle fut totalement rebâtie et solennellement placée sous l'invocation de Saint-Louis. On a fait de grands éloges de son architecture qui, à tout prendre, est d'une médiocrité peu digne de l'attention des artistes.

Dans l'église Saint-Louis, on voit les tombeaux de Philippe Quinault, auditeur à la chambre des comptes, connu par ses ouvrages lyriques, mort en 1688, et d'Antoine Uyon d'Héronval, également auditeur à la chambre des comptes, auteur de recherches sur l'histoire de France, mort en 1689. L'île Saint-Louis renfermait autrefois un grand nombre d'hôtels ; les deux plus remarquables étaient l'hôtel Lambert et l'hôtel de Bretonvilliers. Tous deux étaient ornés de belles peintures de Le Sueur, de Lebrun, de Vouet, de Mignard et de la plupart des autres artistes célèbres des règnes de Louis XIII et de Louis XIV. L'hôtel Lambert servait, il y a quelques années, de dépôt général pour les lits de la garde royale. Ce qui reste de l'hôtel Bretonvilliers est occupé par une brasserie et un atelier de teinture.

LES HALLES.

La fondation des Halles remonte au règne de Philippe-Auguste. Ce prince, désirant surtout doter Paris d'établissemens utiles, avait jeté les yeux sur un emplacement appelé les *Champeaux*, sur lequel des marchands juifs étaient établis ; il le fit d'abord entourer de murs en 1181, et les Juifs en ayant été expulsés, on y construisit les bâtimens et les étaux nécessaires à un marché public. Il paraît que les travaux étaient achevés en 1183; car il est certain que c'est de cette année que date cet utile établissement.

Saint-Louis et Philippe-le-Hardi agrandirent les halles et y introduisirent d'utiles améliorations. Le premier y fit bâtir deux hangars pour les marchands de draps et un troisième pour les corroyeurs et merciers, qui lui payèrent d'abord chaque année 75 livres à titre de loyer, puis, obtinrent, en 1263, la propriété de l'emplacement où ils se tenaient, moyennant treize deniers parisis de cens et d'investiture. Philippe-le-Hardi fit construire des bâtimens pour les peaussiers et cordonniers, et bientôt il n'y eut pas d'espèce de marchands qui n'eût sa place dans les halles.

François 1er, reconnaissant beaucoup d'abus dans cette première organisation, fit racheter les halles par des commissaires nommés à cet effet ; on les détruisit et on les remplaça par d'autres qui ne furent terminées que sous le règne de Henri II. Elles subsistèrent dans cet état jusqu'au moment où la démolition de l'église des Innocens et des célèbres chanoines de ce nom, permit de les rendre encore plus favorables aux différens genres de commerce qu'on y exercait.

Ces halles étaient au nombre de neuf avant la révolution. Voici leurs principales dénominations :

  1° La halle à la marée.
  2° La halle au poisson d'eau douce.
  3° La halle à la viande.
  4° La halle aux fruits.
  5° La halle aux poirées.
  6° La halle aux herbes et aux choux.
  7° La halle au fromage.
  8° La halle aux cuirs.
  9° La halle aux draps et aux toiles qui est la plus élégante sous le rapport de l'architecture (1).

---

(1) Nous ne comprenons pas, dans cette nomenclature, la halle au blé à laquelle nous consacrons une notice particulière.

De toutes ces différentes halles, quelques unes ont été supprimées, d'autres ont changé de place.

Ce fut aux halles que le duc de Nemours, Jacques d'Armagnac, fut décapité. Voici ce que Sauval dit de cette exécution : « On sait » que Jacques d'Armagnac, duc de Nemours, » eut la tête tranchée, en 1477, sous le règne » de Louis XI. Cet infortuné seigneur fut » conduit de la Bastille aux Halles monté sur » un cheval caparaçonné de noir; étant ar- » rivé, il fut mené aux chambres de la halle » aux poissons, lesquelles on avait exprès ten- » dues de noir ; on les avait aussi arrosées de » vinaigre, et parfumées avec deux sommes » de cheval de bourrée de genièvre qu'on y » avait fait brûler pour ôter le goût de la ma- » rée que lesdites chambres et greniers sen- » taient. Ce fut là que le duc de Nemours se » confessa ; et pendant cet acte de religion, » on servit une collation composée de douze » pintes de vin, de pain blanc et de poires, » pour messieurs du parlement et officiers du » roi étant ès dits greniers. Pour cette colla- » tion on donna douze sous parisis à celui qui » l'avait fournie. Le duc de Nemours s'étant » confessé, fut conduit à l'échafaud par une » galerie de charpente qu'on avait pratiquée

» depuis lesdites chambres et greniers, jus-
» qu'à l'échafaud du pilori où il fut exécuté. »

On voit par ce paragraphe que les halles étaient un des lieux d'exécution de Paris. Le pilori où l'on exposait les criminels condamnés à une peine infâmante, s'élevait également dans leur enceinte.

LA HALLE AU BLÉ.

La halle au blé, placée maintenant dans le quartier Saint-Eustache, était autrefois divisée en deux parties ou marchés, dont l'un se tenait sur l'emplacement des halles ou *Champeaux*, et l'autre dans la Cité. Ce dernier fut la propriété des rois de France jusqu'au règne de Philippe-Auguste, qui en fit don, en l'année 1216, à l'un de ses échansons. Il passa ensuite dans les mains d'un chanoine de Notre-Dame, et cent ans plus tard il se trouva appartenir au chapitre de cette église, jusqu'au moment où on résolut avec juste raison, vers le milieu du dix-septième siècle, de réunir le marché au blé de la Cité à celui des Champeaux; ce qui fut effectué avec l'approbation générale. Cependant on ne tarda pas à trouver des inconvéniens dans cette nouvelle mesure, et la ville fit, en 1755, l'acquisition de l'emplacement de l'ancien hôtel de Soissons, le jugeant convenable pour la construction d'une nouvelle halle au blé.

Cet édifice fut commencé en 1763, et terminé trois ans après, en 1766, par les soins de M. Le Camus de Mezières, architecte qui en avait fourni les dessins.

La halle au blé peut passer à juste titre pour un des monumens les plus beaux et les plus utiles de Paris. Elle se compose d'un vaste portique circulaire qui entoure une cour de vingt pieds de diamètre qui avait été d'abord laissée à découvert; mais on s'aperçut bientôt que la conservation des grains souffrait de cette disposition qui livrait un trop grand accès à l'air extérieur, et en 1782, MM. Legrand et Molinos furent chargés de couvrir cette cour, travail extrêmement difficile, dont ces deux artistes se tirèrent à leur honneur. La voûte qu'ils exécutèrent était toute en charpente, ce qui la rendait d'une légèreté extraordinaire; mais comme les planches qui la composaient étaient en sapin extrêmement mince, le feu y prit, en l'année 1802, et la dévora entièrement sans qu'on ait pu s'opposer à ses ravages.

On fut donc obligé de reconstruire la coupole de la halle au blé ; mais cette fois on s'arrangea de manière à la mettre désormais à l'abri des flammes. C'est un des premiers ouvrages en fer fondu qui aient été faits à Paris, et le succès qu'il a obtenu a beaucoup contribué à la propagation d'une invention aussi utile.

La colonne astronomique qui est encore adossée à la partie extérieure de la halle au blé est d'une ancienneté qui lui donne un grand intérêt aux yeux des artistes ; elle fut élevée en 1572, par Catherine de Médicis, dans la cour de l'hôtel de Soissons, pour servir d'observatoire. On sait combien la mère de Charles IX avait foi dans l'astrologie. C'était là qu'elle se rendait avec les prétendus magiciens qui l'entouraient pour suivre le cours des astres et en tirer des déductions fatales ou satisfaisantes. Dans le soubassement de cette colonne on a pratiqué une fontaine publique. Le père Pingré, chanoine régulier de Sainte-Geneviève, composa un méridien qui a été reproduit sur le fût.

HOPITAL ROYAL DES QUINZE-VINGTS.

C'est à Saint-Louis que cet établissement utile doit sa fondation ; les premiers aveugles qui y furent admis étaient au nombre de trois cents ; et comme ils n'y recevaient absolument que le couvert, ils étaient obligés de mendier dans les rues. Il paraît, d'après des vers de *Rutebœuf*, poète du temps, qu'ils s'en allaient par troupes considérables, chantant ou gémissant, afin de provoquer la commisération de ceux qui passaient. Toutefois, ils étaient si malheureux que Saint-Louis se vit obligé de leur accorder, au mois de mars 1269, 30 livres de rente pour avoir de la soupe.

C'était le grand-aumônier du roi qui avait la direction, non seulement du spirituel, mais encore du temporel des Quinze-Vingts. Il admettait ou refusait, selon son bon plaisir, les pensionnaires qui lui étaient présentés, et choisissait seul les ecclésiastiques attachés à l'église. L'archevêque de Paris lui avait mainte fois contesté cette prérogative. Lorsqu'elle fut enfin solennellement confirmée, le 10 novembre 1412, par une bulle du pape Jean XXIII, l'hôpital des Quinze-Vingts se composa, ainsi que nous l'avons déjà dit et comme son nom l'indique, de trois cents aveugles ; bientôt ce nombre fut réduit, car on comprit dans les trois cents personnes qui habitaient cette maison les individus qui y étaient attachés comme employés ou comme mercenaires. Au quatorzième siècle, il s'était formé d'autres congrégations d'aveugles que l'on confondait souvent avec les Quinze-Vingts; Philippe-le-Bel ordonna, en 1309, que ces derniers portassent sur leurs habits une fleur de lis, afin de les distinguer.

Les habitans des Quinze-Vingts étaient divisés en deux classes les *aveugles* et les *voyans* qui étaient chargés de conduire les autres; ils s'appelaient entr'eux frères et sœurs et pouvaient se marier. Dans ce cas, une aveugle ne pouvait épouser qu'un voyant, et réciproquement : s'ils avaient des enfans, le peu qu'ils possédaient était remis religieusement à ceux-ci après la mort de leurs parens, sinon leur héritage retournait à l'hôpital.

Les devoirs de la religion, cette divine et dernière consolatrice des infortunés, étaient observés rigoureusement par les *frères* et *sœurs* des Quinze-Vingts; leur église avait été érigée en paroisse pour ceux qui demeuraient dans son enceinte. Plusieurs ecclésiastiques ou aumôniers y célébraient l'office divin et veillaient au maintien de la piété et des bonnes mœurs. Une partie d'entr'eux allaient également quêter dans les autres paroisses pour les malheureux dont ils dirigeaient les consciences.

La position des pensionnaires des Quinze-Vingts ne tarda pas à s'améliorer, lorsque la France devint plus heureuse, et bientôt l'établissement fut en état, au moyen de ses revenus et du produit de ses quêtes, de leur faire des distributions régulières d'argent et de pain. L'hôpital des Quinze-Vingts était alors situé rue Saint-Honoré, en face celle de Richelieu. L'église dans laquelle on descendait par plusieurs marches n'offrait rien de remarquable. Au-dessus de son portail était une statue de Saint-Louis que la tradition assurait être fort ressemblante.

Les Quinze-Vingts furent transférés par ordre du roi, en 1780, dans l'ancien hôtel des Mousquetaires-Noirs, hôtel commencé par la ville, en 1699, et donné au roi, en l'année 1701, en échange du terrain de la place Vendôme et des matériaux qui avaient été déjà achetés pour sa construction.

La nouvelle position de l'hôpital des Quinze-Vingts permit d'y admettre un plus grand nombre de personnes. En 1783, le nombre de ses pensionnaires s'élevait déjà à près de huit cents aveugles qui ne manquaient pas au moins des premières nécessités de la vie; depuis, de sages réformes et d'utiles améliorations ont encore été introduites dans le régime de cette maison.

LA BOURSE.

Il est au sein du plus brillant quartier de Paris une espèce de temple grec dont les étrangers ne peuvent, au premier abord, s'expliquer la destination et l'origine. Ce monument, d'où semble s'exhaler je ne sais quel parfum de paganisme, est d'une magnificence et d'une richesse sans égales: de majestueuses colonnes le supportent, de précieuses peintures le décorent, tous les arts semblent s'être réunis comme les rois mages pour porter les plus riches présens à la divinité nouvelle qui l'a choisi pour son séjour; mais quelle est cette divinité, quelle est cette puissance inconnue à laquelle on élève de si riches demeures?... Regardez, elle est devant vous! Vous reconnaissez à ses emblêmes la royauté de l'or. L'agiotage prend trop souvent, à la Bourse, la place des spéculations honorables: c'est la *rue Quincampoix* de notre temps.

Tous ces hommes qui sont là, au milieu de l'enceinte, remuant, courant, s'agitant, se coudoyant, gesticulant de toutes les manières, et qui, vus d'un peu haut, ressemblent, en quelque façon, à une peuplade de fourmis ; tous ces banquiers, tous ces agens de change, tous ces courtiers-marrons dont le visage est tour à tour assombri par l'inquiétude ou éclairé par un des plus brillans reflets de la joie, ce sont des sectateurs de l'or, et pour leur Dieu ils sacrifient tout, jusqu'à leur repos, jusqu'à leur vie. Fanatiques de leur idole, il en est qui lui consacrent leurs jours et leurs nuits. Il est trop vrai que le pavé du temple a été parfois ensanglanté. Ces jours-là une détonation se faisait entendre, un homme tombait et les autres se disaient : « C'est un joueur malheureux.... que cela ne nous arrête pas : continuons ! »

On ne peut s'empêcher de frissonner intérieurement quand on vient à penser que la destinée, que la vie d'une multitude d'individus reposent sur les enjeux, dans ces grandes parties où le hasard préside et dont l'issue dépend presque toujours d'une vague et incertaine nouvelle. Chaque jour est témoin de nouveaux désastres; mais aussi, répondra-t-on, chaque jour est témoin de nouveaux succès : des fortunes s'écroulent, comblent l'abîme, et, sur leurs débris, d'autres fortunes s'élèvent, c'est dans l'ordre. Tant pis pour les mourans s'ils sont foulés aux pieds par ceux qui leur survivent.

Au reste, il n'y a pas à la Bourse que des spéculateurs connus et patentés ; il s'y glisse aussi quelques malheureux qui ne craignent pas de risquer le peu qui leur reste. On les voit avec leurs vêtemens délabrés, leur extérieur de tristesse profonde, suivre avec anxiété le cours des rentes et les opérations des agens de change; ceux-là sont des joueurs incorrigibles; il faut les plaindre, car ils perdront tout.

Il n'y a pas encore long-temps que des femmes, ou plutôt des espèces de mégères sans sexe et sans nom, venaient chaque jour prendre place dans les galeries supérieures. Il fallait les voir, les cheveux en désordre, l'œil animé d'un feu sombre et fiévreux qu'attisait incessamment l'amour du jeu ; elles avaient des hommes à elles, des espèces d'ambassadeurs à figure discrète et affairée qu'elles dépêchaient à chaque minute vers le principal théâtre du combat, avec mission de savoir quelles étaient les vicissitudes de la lutte, afin de profiter de leurs avis. Cependant une sage ordonnance a fait envoler cette multitude de vautours féminins, qui sont allés s'abattre aux environs sur les degrés de l'édifice.

La Bourse a été élevée sur les dessins de M. Brognart. Cet architecte étant mort en 1813, M. Labarre lui succéda dans la direction des travaux de ce monument, qui est un des plus beaux et des plus imposans de Paris. Son plan forme un parallélogramme de deux cent douze pieds de longueur, et de cent-vingt-six pieds de largeur. La salle où se font les opérations a 116 pieds de long sur 76 de large; elle peut contenir plus de deux mille personnes, et est ornée de fresques allégoriques qui imitent, à s'y méprendre, les saillies de la sculpture. La Bourse est entourée extérieurement d'un péristyle composé de colonnes corinthiennes qui forment une galerie couverte à laquelle on arrive par un riche perron.

C'est dans ce majestueux édifice que se tient également le tribunal de commerce, de sorte que dans ses vastes escaliers, plus d'une fois la richesse et la faillite se sont rencontrées face à face.

SAINT-PHILIPPE-DU-ROULE.

Il existait autrefois sur l'emplacement où s'élève maintenant l'église de Saint-Philippe-du-Roule, une léproserie ou hôpital des lépreux, à laquelle était annexée une petite chapelle destinée à ses habitans. Cet hôpital, étant devenu désert après la disparution totale de la lèpre, ne tarda pas à tomber en ruines ; on l'abattit enfin en 1699, et le territoire du Roule, sur lequel il était placé, fut érigé en faubourg. Cependant on avait conservé la chapelle où les fidèles du quartier venaient faire leurs dévotions; ce fut alors qu'elle reçut le titre de paroisse et qu'elle fut placée sous l'invocation de Saint-Jacques et de Saint-Philippe.

Mais environ un siècle après, le nombre des habitans du quartier s'étant accru d'une manière considérable, on pensa à remplacer l'ancienne église par une autre plus vaste et plus commode, dont les travaux furent commencés en 1769, et terminés en 1784.

C'est à Chalgrin que l'on doit Saint-Philippe-du-Roule. L'architecture de cette église n'est pas sans mérite, et c'est pour cette raison que nous en avons fait mention ici. La voûte surtout est remarquable en cela qu'elle est entièrement composée de planches de sapin, selon le procédé de Philibert Delorme. On avait eu le projet de surmonter l'édifice de deux tours qui en auraient augmenté la majesté et l'élégance, mais il paraît que la fabrique se trouva trop peu aisée pour pouvoir en faire les frais; il est fâcheux de voir ces deux clochers remplacés par une petite campanille qui produit le plus mauvais effet.

HOTEL DE CARNAVALET.

Lorsqu'on franchit le seuil d'un de ces nobles édifices des siècles passés, d'un de ces vastes hôtels illustrés tout à la fois par les merveilles de l'art du moyen-âge et par le souvenir des hôtes célèbres qui se sont succédés tour à tour dans sa majestueuse enceinte, on ne peut se défendre d'un sentiment de vénération et d'humilité presque aussi puissant que celui qui vous saisit et vous domine dans le sanctuaire d'un temple. Il vous semble, en effet, que ces appartemens solitaires, que ces cours spacieuses ont de mystérieux échos qui répètent incessamment les noms de ceux qui les habitèrent autrefois. L'on se trouve bien petit au milieu de tant de grandeur, et le poète, découragé, jette sa lyre loin de lui, désespérant de parvenir jamais dans ses hymnes fugitifs à la beauté solennelle des harmonies du passé.

L'hôtel de Carnavalet est un de ces lieux pour

ainsi dire consacrés où l'on est accueilli par d'impérissables souvenirs. D'abord, c'est le sculpteur Jean Goujon qui a passé par là en laissant derrière lui les productions merveilleuses de son génie, puis la femme la plus spirituelle du siècle de Louis XIV, madame de Sévigné, dont quelques lettres pleines de sensibilité et de charme sont datées de l'hôtel de Carnavalet, et enfin madame de Grignan, sa fille, qui est pour beaucoup dans sa gloire.

L'hôtel Carnavalet doit sa construction à trois architectes célèbres, Bullant, Ducerceau et François Mansard qui en dirigèrent successivement les travaux. Au reste, son architecture n'offre rien de bien remarquable et ne vaudrait pas la peine d'attirer l'attention des amateurs éclairés, si les sculptures de Jean Goujon n'étaient pas là pour en rehausser le prix. Il faut se garder de croire cependant que toutes les figures qui ornent cet édifice sont dues à l'habile artiste du règne de Charles IX. Il en est dont la médiocrité ne permet pas raisonnablement de les attribuer au ciseau de Jean Goujon; du reste il est facile de les distinguer des autres. L'hôtel de Carnavalet doit son nom à Françoise de la Baume, dame de Carnavalet, qui en fit l'acquisition en 1679, un siècle après sa construction qui avait été ordonnée par le président de Lignerées.

L'HOTEL DE CLUNI.

L'hôtel de Cluni, situé dans la rue des Mathurins-Saint-Jacques, n'était dans l'origine qu'un des débris du palais des Thermes que l'on avait divisé en plusieurs parties. Il avait été acquis en 1243, par Raoul de Meulan, puis il passa plus tard entre les mains de Robert de Courtenai dont un des descendans, Jean de Courtenai, le céda à l'évêque de Bayeux au commencement du quatorzième siècle. Pierre de Chalus, évêque de Cluni, en fit ensuite l'acquisition, et enfin il se trouva appartenir, en 1490, à l'évêque de Clermont, Jacques d'Amboise, abbé de Cluni, qui le fit rétablir entièrement, tel qu'il existe encore aujourd'hui.

Cet édifice est un des morceaux les plus élégans que nous ait légués l'architecture du moyen âge. Sa parfaite conservation doit paraitre d'autant plus étonnante qu'il a été habité long-temps par des personnes qui ne pouvaient en apprécier la valeur. Cependant un amateur distingué, M. du Sommerard, y demeure depuis quelques années, et a su tirer un heureux parti de ses salles gothiques, en y déposant une riche et précieuse collection de meubles, d'objets d'art et d'armures, qui datent de ces temps de chevalerie, si féconds en grands souvenirs.

LE PALAIS DE LA CHAMBRE DES DÉPUTÉS.

A l'une des extrémités du pont Louis XVI, s'élève un édifice dans lequel s'agitent bruyamment à de certaines époques les affaires de la France; ce monument, qui ressemble à un temple antique comme la plupart des monumens construits depuis quarante ans, s'appelle Chambre des députés. C'est là que nos représentans viennent plaider la cause de l'intérêt général, négligeant par un sentiment de noble générosité, leur fortune particulière et celle de leur famille pour ne s'occuper que du bien-être public et défendre la cause de la nation qui les a élus.

Sous l'empire, la chambre des députés s'appelait Corps législatif, et sur son fronton était représenté Napoléon à cheval. On a supprimé depuis cette figure qui a été remplacée par la personnification de la loi, de la force et de la justice.

La chambre des députés n'est autre que l'ancien palais Bourbon, bâti en 1722, sur les dessins de Girardini, architecte italien, et de L'Assurance, qui le construisirent pour Louise-Françoise, duchesse de Bourbon. Les architectes Gabriel Barreau, Charpentier, Bélisart, y travaillèrent depuis; et l'ancien hôtel Lassai lui fut réuni, ses bâtimens n'étant pas assez considérables pour contenir toutes les personnes qui devaient l'habiter. L'entrée du palais Bourbon du côté de la rue est d'une magnificence digne de sa destination; il n'en est pas de même de la façade qui donne sur le quai : elle est assez mesquine et on a jugé à propos de la décorer de statues colossales en plâtre représentant les principaux hommes d'état qui ont marqué dans notre histoire; figures disgracieuses et de mauvais goût dont la moisissure commençait à faire justice lorsque l'on s'est avisé de les badigeonner et de les remettre à neuf. Espérons pour l'honneur de l'art que ces épouvantails disparaîtront avant qu'il soit peu.

Il n'y a pas long-temps que la chambre des députés a été réparée entièrement. La salle des séances se trouve maintenant plus commode et plus convenable.

HOSPICE DES ENFANS TROUVÉS.

Il y avait anciennement à Paris une maison fondée par l'évêque et le chapitre de Notre-Dame où l'on recueillait les enfans abandonnés dès les premiers jours de leur naissance. Cette maison était appelée la Couche, et nous voyons qu'Isabelle de Bavière lui légua huit francs, par son testament du 2 septembre 1431.

Sous François I*er*, les seigneurs hauts justiciers, poussés par un sentiment d'avarice que l'on ne saurait qualifier, refusèrent de contribuer à l'entretien des *pauvres enfans trouvés de Notre-Dame*, et mirent tant d'opiniâtreté dans cette détermination barbare que le parlement se vit obligé de les contraindre, par un arrêt du 13 août 1552, à fournir 960 livres par an aux enfans trouvés qui furent alors transportés dans l'hôpital de la Trinité.

Toutefois il paraît que l'arrêt du parlement ne fut pas long-temps en vigueur, car en l'année 1570 les enfans trouvés étaient tombés dans un tel dénuement que le chapitre de Notre-Dame, sous la protection duquel ils avaient été toujours placés, se vit contraint de les faire transférer dans deux maisons situées au port Landri, où ils ne devaient encore recevoir que des soins insuffisans jusqu'au moment où saint Vincent-de-Paul, l'homme sans contredit le plus admirable du dix-septième siècle, vint plaider la cause de l'innocence et du malheur dans cette tribune sacrée bien digne de répéter au monde des paroles aussi pures. Tout le monde connait le discours que ce prêtre sublime adressa aux dames qui s'étaient réunies dans le but d'améliorer le sort des enfans trouvés; tout le monde sait qu'il leur désigna ces pauvres orphelins abandonnés qu'il avait fait réunir dans l'église, en s'écriant: « O vous, mesdames, voyez si vous voulez délaisser à votre tour ces petits innocens, dont vous êtes devenues les mères suivant la grâce, après qu'ils ont été abandonnés par leurs mères suivant la nature. » Cependant on ne saurait trop répéter ces paroles si simples et si efficaces qui valurent à la capitale de la France un des établissemens dont elle s'honore le plus.

Les enfans trouvés, placés sous la surveillance des sœurs de la Charité, créées à cet effet par saint Vincent-de-Paul, furent d'abord logés en 1638 dans une maison à la porte Saint-Victor. En 1641 Louis XIII leur ayant assigné 4,000 livres de rentes, leur position devint plus heureuse. Quelques années après, Louis XIV ajouta une rente de 8,000 livres aux bienfaits royaux dont ils avaient été déjà comblés, et la reine, Anne d'Autriche, leur donna son château de Bicêtre où ils ne firent pas un long séjour, l'air y étant trop vif pour le tempérament délicat d'enfans nouveaux nés. De Bicêtre ils revinrent donc près de Saint-Lazare, puis quelque temps après on acheta pour eux un terrain et une maison rue du faubourg Saint-Antoine; alors cet établissement fut érigé en hôpital et réuni à l'hôpital-général.

En 1672, on fit encore pour les enfans trouvés l'acquisition d'une maison placée en face l'Hôtel-Dieu. Cet édifice fut abattu en 1746, ainsi que les églises de Sainte-Geneviève-des-Ardents et de Saint-Christophe, afin de céder la place à un plus vaste établissement, auquel on ajouta une chapelle ornée de peintures par Natoire et Brunetti.

Les enfans trouvés sont maintenant encore établis dans l'hôpital du faubourg Saint-Antoine, construit en 1669.

THÉATRE FRANCAIS.

La France est une des nations auxquelles le goût des spectacles est venu le plus tard. Ce ne fut, en effet, qu'à l'époque des croisades, que quelques pélerins hasardèrent de représenter deux ou trois pieuses scènes tirées du Nouveau-Testament. Cette tentative ayant réussi, ses auteurs se réunirent sous la dénomination commune de Confrères de la Passion, et joignirent bientôt aux mystères grossiers qu'ils représentaient des *farces* et *soties* dont ils égayaient leur auditoire peu exigeant. Ces dévots comédiens obtinrent par la suite tant de succès, qu'en 1402 ils se firent donner un privilège exclusif, et se virent en état d'établir un théâtre rue Saint-Denis dans une salle de l'hôpital de la Trinité. Plus d'un siècle après, en 1548, ils achetèrent l'ancien hôtel des ducs de Bourgogne, dont ils firent une salle de spectacle. Mais en 1588, ils furent obligés de céder la place aux acteurs qui représentaient les productions encore informes, mais du moins parfois raisonnables, de la Péruse, de Garnier, de Jodelle, et dès lors le règne des confrères de la Passion fut passé. Les nouveaux comédiens résolurent en 1600 de donner trois fois par semaine des représentations régulières, et pour ne jamais manquer de poèmes nouveaux, ils s'associèrent un nommé Hardy, auteur si fécond, qu'il a légué huit cents pièces à la postérité, qui, par malheur, n'a pas fait grand cas de ce volumineux héritage. Le succès ayant dépassé toutes les espérances de la troupe de l'hôtel de Bourgogne, les acteurs qui la composaient achetèrent une seconde salle au Marais où ils donnèrent également des représentations. Cependant Gombauld, Théophile, Racan, Mayret atteignirent et dépassèrent même bientôt la célébrité du poète Hardy, et contribuèrent puissamment à la prospérité toujours croissante des comédiens auxquels ils destinaient leurs ouvrages. Cet état de plus en plus florissant dura jusqu'au commencement du dix-septième siècle où une troupe de province, sous la direction de l'acteur Mondory, vint s'établir à l'hôtel d'Argent au Marais, et parut devoir éclipser totalement par les talens de ses divers sujets la gloire des illustrations de l'hôtel de Bourgogne.

Mais comme alors l'autorité royale avait tout pouvoir sur les comédiens, Louis XIII, qui protégeait la troupe de l'hôtel de Bourgogne, ne craignit pas d'enlever à Mondory six de ses meilleurs sujets pour en faire présent au théâtre qu'il affectionnait. Toutefois, Mondory ne se laissa pas ébranler par un échec aussi imprévu, et fit si bien par son zèle et ses talens que sa troupe occupa dans l'opinion publique, la place distinguée qu'elle avait obtenue long-temps auparavant, jusqu'à l'époque de la mort de Molière, après laquelle elle fut réunie aux débris de celle dont cet homme célèbre avait été le directeur.

Quant aux comédiens de l'hôtel de Bourgogne, forts de six nouveaux acteurs remarquables, que Louis XIII leur avait adjoints, ils arrivèrent bientôt à une réputation que quelques concurrences passagères ne firent encore qu'augmenter. Accoutumés d'abord à ne représenter que des tragédies insipides ou d'ignobles farces, ils ne tardèrent pas néanmoins à s'élever jusqu'à la hauteur des ouvrages admirables du grand Corneille dont le génie créateur vint tout régénérer, et bientôt il n'y eut qu'un homme qui pût créer un théâtre rival de celui qui faisait, à juste titre, les délices de la ville et de la cour.

Cet homme, on l'a nommé d'avance, c'était Molière ; déjà en 1645 il avait essayé de s'établir à Paris dans un théâtre dit de la *Croix*

Blanche, que quelques jeunes gens de bonne famille avaient fait construire dans le faubourg Saint-Germain. Mais cette entreprise n'ayant pas obtenu de succès, il prit le parti de donner des représentations en province. Revenu à Paris en 1658, à la tête d'une troupe plus complète, il se fit présenter par le prince de Conti, qui lui avait accordé sa protection, à Monsieur, frère du roi, qui se chargea de lui obtenir la permission de jouer devant Louis XIV sur un théâtre dressé dans la Salle des Gardes du Vieux Louvre. Molière y débuta par *Nicomède* et *le Docteur amoureux* et plut tellement au roi, ainsi que les acteurs qu'il avait amenés, qu'il lui fut permis de jouer alternativement avec les comédiens Italiens dans la salle du Petit-Bourbon près Saint-Germain-l'Auxerrois, où sa réputation et ses ouvrages ne tardèrent pas à attirer la foule.

Deux ans après, Molière reçut l'autorisation de s'établir dans la salle du Palais-Royal, et sa troupe prit le nom de troupe royale, Louis XIV ayant reçu à son service tous les acteurs qui la composaient. Mais l'illustre auteur du *Misanthrope* et *des Femmes savanes*, étant mort le 17 février 1673, la salle du Palais-Royal fut retirée aux comédiens qu'il avait dirigés, et donnée au musicien Lully qui avait alors le privilége de l'Opéra.

Cette perte devait paraître d'autant plus sensible à l'ancienne troupe de Molière, qu'elle devait avoir peu d'espoir de retrouver jamais une salle aussi belle que celle qu'on lui enlevait. Cette salle, qui avait été bâtie par le cardinal de Richelieu pour les représentations de *Mirame*, tragédie où s'étaient glissés bon nombre de vers du premier ministre, avait coûté trois cent mille écus, et rien n'égalait sa beauté et sa magnificence.

Il fallut bien se résigner pourtant, et les comédiens de Monsieur (c'est ainsi que s'appelaient les acteurs de la troupe de Molière, à cause de la protection qui leur avait été accordée par le frère de Louis XIV), n'eurent d'autre parti à prendre que de s'associer ceux du Marais et de s'établir, forts de cette réunion, dans une salle de la rue Mazarine en face de la rue Guénégaud. L'ouverture de ce nouveau théâtre eut lieu le dimanche, 9 juillet 1673, et la première pièce qu'on y représenta fut *Tartuffe*.

Sept ans après, en 1680, le roi ordonna que les deux troupes de l'hôtel de Bourgogne et de la rue Mazarine seraient réunies pour n'en former plus qu'une à l'avenir, et le 25 août les comédiens rivaux, ainsi rapprochés par la volonté toute-puissante de Louis XIV, donnèrent sur le théâtre de la rue Mazarine leur première représentation, composée de *Phèdre* et des *Carrosses d'Orléans*.

Cet état de choses dura jusqu'en 1688, année où les professeurs du collége des Quatre-Nations parvinrent à obtenir du roi la suppression du théâtre qui se trouvait dans leur voisinage. Voici un fragment d'une lettre de Racine à Boileau qui peint l'embarras dans lequel les comédiens furent plongés alors: «En acceptant ce collége, MM. de Sorbonne ont demandé pour première condition qu'on les éloignât (les comédiens) de ce collége. Ils ont déjà marchandé des places dans cinq ou six endroits ; mais partout où ils vont, c'est merveille d'entendre comme les curés crient. Le curé de Saint-Germain-l'Auxerrois a déjà obtenu qu'ils ne seraient point à l'hôtel de Sourdis, parce que de leur théâtre on aurait parfaitement entendu tout à plein les orgues, et de l'église on aurait parfaitement bien entendu les violons. Enfin ils en sont à la rue de Savoie, dans la paroisse de Saint-André (des Arcs). Le curé a été aussitôt au roi lui représenter qu'il n'y a tantôt plus dans sa paroisse que des auberges et des coquetiers ; si les comédiens y viennent, que son église sera déserte. Les grands augustins ont aussi été au roi, et le père Lembrochons, provincial, a porté la parole. M. de Louvois a ordonné à M. de La Chapelle de lui envoyer le plan du lieu où ils veulent bâtir dans la rue de Savoie. Ainsi on attend ce que M. de Louvois décidera. Cependant l'alarme est grande dans le quartier; tous les bourgeois, qui sont gens de palais, trouvent fort étrange qu'on vienne leur embarrasser leurs rues. M. Billard surtout, qui se trouvera vis-à-vis de la porte du parterre, crie fort haut; et quand on lui a voulu dire qu'il en aurait plus de commodité pour s'aller divertir quelquefois, il a répondu fort tragiquement : Je ne veux point me divertir. »

Toutefois, les comédiens parvinrent enfin à trouver un emplacement que cette fois du moins personne ne leur disputa. Ils firent l'acquisition du jeu de paume de l'Étoile, rue des Fossés-Saint-Germain, ainsi que de la maison voisine, et firent construire sur leur terrain un théâtre, dont l'architecte François d'Orbay fournit les dessins. L'ouverture de cette nouvelle salle se fit le lundi 18 avril 1689 par *Phèdre* et *le Médecin malgré lui*. On y joua jusqu'en 1770, année où l'édifice menaçant ruine, les comédiens se virent contraints de l'abandonner pour donner leurs représentations dans la salle des Tuileries où ils devaient rester douze ans ; car ce ne fut que le 9 avril 1782, qu'ils allèrent occuper le nouveau théâtre que MM. Peyre et de Wailly leur avaient construit sur l'emplacement de l'ancien hôtel de Condé, faubourg Saint-Germain. Cette salle devait être témoin deux ans plus tard de l'immense succès du *Mariage de Figaro*, comédie qui servit, pour ainsi dire, de prologue au grand drame appelé *Révolution française*.

Les acteurs qui avaient été les premiers à accueillir avec enthousiasme les prétendues réformes de 89, en devinrent bientôt les victimes à la suite des représentations de *Paméla*, comédie en cinq actes et en vers, de M. François de Neufchâteau; ils furent jetés en prison dans la nuit du 3 au 4 septembre 1793, et la guillotine allait déjà être préparée pour eux, lorsque le 9 thermidor vint les délivrer, ainsi que tous leurs compagnons d'infortune.

Cependant il s'était déjà formé en 1791 une nouvelle troupe qui, sous la direction de MM. Gaillard et d'Orfeuille, avait fait le 27 avril 1791 l'ouverture du *théâtre Français de la rue de Richelieu*. Au reste, cette troupe ne put se maintenir que jusqu'à l'an IV.

Quant aux comédiens qui venaient de sortir de prison, ils revinrent d'abord à leur ancienne salle, mais peu de temps après ils allèrent occuper le théâtre de la rue Feydeau où ils alternèrent avec une troupe d'opéra comique, et enfin le 11 prairial an VII, ils s'établirent définitivement dans la salle de la rue de Richelieu, où ils débutèrent par le *Cid* et l'*École des maris*.

Pendant ce temps, une autre fraction de l'ancienne Comédie Française donnait des représentations rue de Louvois, et commençait à y obtenir quelques succès, lorsque le Directoire fit fermer le théâtre qu'elle occupait, et la contraignit par cette mesure à passer la Seine pour aller chercher un asile dans l'ancienne salle du faubourg Saint-Germain, qui venait d'être restaurée et qui avait reçu le nom grec d'*Odéon*. La nouvelle troupe de l'Odéon, qui se composait de sujets d'élite, ne devait pas jouir long-temps de la prospérité qu'elle s'était acquise à juste titre, car quelque temps après son installation, un violent incendie consuma son théâtre et la força d'aller chercher fortune ailleurs.

Alors le théâtre de la rue de Richelieu s'appelait *théâtre de la République*. Les anciens sociétaires de la Comédie Française finirent presque tous par s'y réunir, et reconstituèrent leur administration à peu près dans le même état où elle était avant que n'eût éclaté l'orage révolutionnaire.

Toutefois, le spirituel Picard, auteur et acteur tout à la fois, conçut le projet de fonder un second théâtre Français, et alla s'installer, à la tête d'une troupe choisie, dans la salle Louvois, le 16 floréal an IX, grâce aux ouvrages remarquables qu'il fit jouer par les acteurs qu'il dirigeait. Il obtint un succès toujours croissant, et finit par voir son théâtre, qui, sous l'empire, avait pris le nom de *théâtre de l'Impératrice*, placé par un décret en date du 8 août 1807 au nombre des quatre grands théâtres. Un an après, il reçut l'ordre d'aller occuper le théâtre de l'Odéon qui venait d'être reconstruit.

Quelques années plus tard, ce monument, l'un des plus beaux du faubourg Saint-Germain, devint encore la proie des flammes, et l'on fut obligé de le relever entièrement. Depuis long-temps on n'y joue plus la comédie que par intervalle et la plupart du temps pour des représentations à bénéfice. Cependant on parle en ce moment d'y donner des représentations régulières.

Le *théâtre Français*, proprement dit, est toujours situé rue de Richelieu.

Nous croyons inutile de parler des autres théâtres de Paris qui, étant d'une construction encore récente, offrent peu de matériaux historiques, ou qui n'ont pas d'importance architecturale. Nous dirons seulement que la salle de l'Opéra, construite pour remplacer celle de la rue de Louvois, où M. le duc de Berry était mort, a été ouverte en 1822.

LES QUAIS ET LES PONTS.

Les bords de la Seine sont divisés en quais, en ports et en abreuvoirs.

On compte trente-trois quais : onze sur la rive gauche, quatorze sur la rive droite, quatre dans l'île de la Cité et quatre dans l'île Saint-Louis. Ces quais changent de nom de distance en distance. Depuis quelques années on a fait d'immenses travaux pour élargir ceux de la rive droite, et ils offrent maintenant, jusqu'au pont Louis-Philippe, une des voies les plus commodes et une des plus belles promenades de Paris. Voici les différentes dénominations des onze ports qui se trouvent sur la rive droite et sur la rive gauche.

PORTS SUR LA RIVE DROITE.

Port de la Rapée.
Port de l'île Louviers.
Port Saint-Paul.
Port aux Blés.
Port de l'Ecole.
Port Saint-Nicolas.

SUR LA RIVE GAUCHE.

Port de l'Hôpital.
Port Saint-Bernard.
Port de la Tournelle.
Port des Quatre-Nations.
Port d'Orsay.

Le nombre des abreuvoirs est de vingt-un.

La Seine est traversée par les dix-neuf ponts dont les noms suivent :

Pont d'Austerlitz.
Pont de Grammont.
Pont de la Tournelle.

Pont Louis-Philippe.
Pont Marie.
Pont au Change.
Pont au Double.
Pont Saint-Charles.
Petit-Pont.
Pont Notre-Dame.
Pont de la Cité.
Pont Saint-Michel.
Pont-Neuf.
Pont des Arts.
Pont des Saints-Pères.
Pont-Royal.
Pont Louis XVI.
Pont des Invalides.
Pont d'Iéna.

Les plus remarquables de ces dix-neuf ponts, soit par leur antiquité, soit par leur architecture, sont : 1° le pont au Change; 2° le pont Neuf; 3° le pont Louis XVI, 4° le pont d'Iéna.

Le pont au Change est peut-être celui dont l'origine remonte le plus haut : il était, dans les premiers siècles de l'histoire de Paris, construit en bois, et Louis VII y établit le Change, en 1141. Dès lors, il prit le nom de pont *aux Changeurs, au Change* et de *la Marchandise*. Ce pont était bordé de chaque côté d'un rang de maisons habitées par des changeurs et des orfèvres. Ayant été enlevé plusieurs fois par des inondations, il fut souvent rebâti, et nous voyons qu'au XI° siècle il était construit moitié en bois, moitié en pierres; cependant il paraît qu'il était entièrement en bois en 1621, année où il fut consumé à la suite de l'incendie du pont *Marchand*. Enfin, on commença à le rebâtir en pierres en 1639; il fut terminé en 1647.

On avait placé au bout de ce pont un monument représentant Louis XIV, enfant, couronné par la victoire en présence de Louis XIII et d'Anne d'Autriche; ce morceau était de François Guillain.

C'était toujours sur le pont au Change que les rois et les reines de France passaient dans leurs entrées solennelles; et au moment où leur cortège défilait, les oiseliers, qui se tenaient sur ce pont les fêtes et les dimanches, étaient obligés de lâcher deux cents douzaines d'oiseaux en signe de réjouissance.

La première pierre du *Pont-Neuf* fut posée le 31 mai 1578 sous le règne de Henri III, mais les troubles de la ligue étant venus interrompre les travaux, il ne put être achevé qu'en 1604, dix ans après l'entrée de Henri IV à Paris. Qui croirait que le Pont-Neuf a passé long-temps pour le plus beau pont de la capitale !..... Cependant rien n'est plus vrai, et nous trouvons dans presque tous les anciens auteurs des éloges exagérés sur ce morceau d'architecture, ainsi que sur la statue de Henri IV, placée au milieu de l'espace du môle que forme la pointe de l'île du Palais. Cette statue, détruite le 11 août 1792, avait été commencée en 1613, par Jean de Bologne, sculpteur italien, et terminée par Pierre Tacca, son élève; elle reposait sur un piédestal de marbre blanc, orné de trophées aux quatre coins et accompagné d'esclaves en bronze, de grandeur naturelle.

Le 25 août 1818, au temps où la restauration s'efforçait de réparer les désordres de la révolution, on inaugura, sur la place de Henri IV, une nouvelle statue de ce grand roi, exécutée par le sculpteur Lemot, aux frais du peuple qui avait voulu contribuer à cette œuvre toute nationale, et qui s'était offert pour traîner le fardier qui la transportait du faubourg du Roule à l'emplacement qu'elle occupe aujourd'hui.

Le pont des Arts a été construit sous l'empire. On admire la légèreté de sa construction, où le fer domine. Mais il le cède au nouveau pont des Saints-Pères, qui a été livré au public il y a trois ans.

Le pont Louis XVI, qui, au commencement de la révolution, était le plus beau pont de Paris, fut commencé en 1787, et achevé en 1790, sur les dessins de M. Perronnet, habile architecte, auquel on doit également le pont de Neuilly.

Dans les derniers temps de la restauration, on a placé de chaque côté de ce pont une rangée de statues massives qui représentent les grands hommes dont la France s'honore; ces figures d'une lourdeur excessive, et pour la plupart d'une exécution malheureuse, produisent un effet défectueux. On parle de les transporter ailleurs. C'est vis-à-vis de ce pont, au milieu de la place Louis XV, que l'on élève, au moment où nous écrivons, l'obélisque, dit de *Louqsor*, présent du vice-roi d'Egypte, dont la translation en France, sur un bâtiment construit exprès, joint à tous les frais d'érection, a coûté au moins trois millions. Ces frais énormes sont loin d'être compensés, suivant nous, par l'effet de cet obélisque, curieux sans doute comme antiquité, mais qui, au lieu d'être un ornement, défigurera une des plus belles vues de l'Europe.

Le magnifique pont qui traverse la Seine vis-à-vis de l'Ecole-Militaire, se nomme le pont d'Iéna, et a été construit sous l'Empire par un architecte de Poitiers, appelé Galand.

LA COLONNE
DE LA PLACE VENDOME.

Napoléon voulant immortaliser le souvenir de la glorieuse campagne de 1805, résolut de faire élever sur la place Vendôme une colonne triomphale construite à l'imitation de la colonne Trajane, à Rome. Ce monument fut commencé en 1806 et terminé en 1810. Sa hauteur est de deux cent dix-huit pieds, ses fondations ont trente pieds de profondeur. Bâti d'abord en pierres de taille, il est entouré extérieurement, depuis sa base jusqu'à son sommet, de lames de bronze sur lesquelles sont représentées les principales actions de la campagne de 1805; la fonte de douze cents canons pris sur l'ennemi a fourni les matériaux nécessaires pour cet immense travail. Les aigles en bronze placés aux quatre coins du piédestal pèsent seuls chacun cinq cents livres. Un escalier à vis, pratiqué dans l'intérieur de la colonne, conduit à une galerie qui entoure son sommet et d'où l'on peut découvrir tout Paris et ses environs.

Sur la lanterne terminée en dôme qui s'élève au-dessus du chapiteau, on lit l'inscription suivante :

« Monument élevé à la gloire de la grande armée, commencé le 25 août 1806, terminé le 15 août 1810, sous la direction de M. Denon, directeur-général, de M. G.-B. Lepère et de M. Gondouin, architectes. »

La colonne de la place Vendôme était surmontée d'une statue colossale de Napoléon revêtu des habits impériaux ; cette statue fut renversée dans les premiers jours de la restauration.

On s'est empressé, après la révolution de juillet, de la remplacer par une autre représentant également Napoléon, mais couvert cette fois du petit chapeau et de la redingotte traditionnelle.

L'ARC DE TRIOMPHE DE L'ÉTOILE.

La première pierre de ce monument élevé également en l'honneur des victoires de l'empire, fut posée le 15 août 1806. Sa hauteur est de cent cinquante-deux pieds : il en a cent cinquante-sept de largeur et soixante-huit d'épaisseur ; il a été construit sur les dessins de l'architecte Chalgrin, et son inauguration a été faite le 29 juillet 1836, après trente années de travaux, souvent interrompus par la négligence des gouvernemens, ou par les catastrophes politiques. Chaque façade est ornée de deux groupes sculptés, de trente-six pieds de haut, qui renferment des figures de dix-huit pieds; ces groupes trop massifs, surtout trop détachés, sont de MM. Cortot et Etex; le reste des ornemens de l'Arc de triomphe de l'Étoile est dû au ciseau de MM. Lemaire, Seurre aîné, Feuchère, Chaponnière, Gecther, Marochetti, Pradier, Bra, Valois, de Bay et Seurre jeune.

STATISTIQUE.

Paris renferme aujourd'hui environ deux mille rues. Il fut divisé en 1702, sous le règne de Louis XIV, en vingt quartiers qui reçurent chacun une dénomination différente. En 1789 il fut partagé en soixante districts, puis un an après, en 1790, en quarante-huit sections, et enfin, par un décret de la Convention, en douze municipalités ou mairies.

La population de Paris, d'après le recensement fait en 1831, serait de sept cent soixante et quatorze mille trois cent trente-huit âmes.

TABLEAU DE LA CONSOMMATION DE LA VILLE DE PARIS, PENDANT L'ANNÉE 1834 (1)

BOISSONS.

Vins.	Hectolitres.	877,769
Eau-de-vie.	id.	35,716
Cidre et poiré.	id.	16,390
Vinaigre.	id.	19,275
Bière.	id.	120,552

(1) Extrait de l'*Annuaire du bureau de Longitudes*.

COMESTIBLES.

Raisins.	Kilogrammes.	1,569,556
Bœufs.	Têtes.	72,474
Vaches.	id.	14,175
Veaux.	id.	70,739
Moutons.	id.	364,409
Porcs et sangliers.	id.	85,336
Pâtés, terrines, viandes confites, écrevisses et homards.	Kil.	1,122,466
Viandes à la main.	id.	2,555,422
Charcuterie.	id.	643,495
Abats et issues.	id.	4,062,873
Fromages secs.	id.	1,150,187
Marée, montant de la vente sur les marchés.	Francs.	4,229,388
Huîtres.	id.	1,118,671
Poissons d'eau douce.	id.	507,949
Volailles et gibiers.	id.	7,728,041
Beurre.	id.	10,501,762
OEufs.	id.	4,414,584

FOURRAGES ET GRAINS.

Foin.	Bottes.	7,667,463
Paille.	id.	12,520,585

Avoine. . . . . Hectolitres. . .   913,311

La consommation de la ville de Paris en farine est évaluée à 1,520 sacs du poids de 159 kilogrammes par jour en temps ordinaire.

FIN.

ERRATA.

Page 134, ligne 16, au lieu de : « Dans l'été de 1788, » *lisez* : « Le 28 avril 1789 ; »

Même page, ligne 20, au lieu de : « L'année suivante, » *lisez* : « Peu après. »

TABLE DES MATIÈRES.

Enceintes de Paris. 1

PREMIÈRE PARTIE.

Histoire politique de Paris. 12

DEUXIÈME PARTIE.

Histoire monumentale de Paris. . . 167
Saint-Jacques-la-Boucherie. 168
Le Temple. 173
Le For l'Evêque. 175
La Bastille. 176
Le grand et le petit Châtelet. . . . 179
Hôtel de Nesle. 182
Notre-Dame. 183
Le Palais de Justice. 196
Le Palais des Thermes. 200
Saint-Germain-l'Auxerrois. . . . 202
Le Château des Tuileries. . . . 207
Saint-Étienne-du-Mont. 213

Le Palais du Luxembourg.	215
Les Portes St-Denis et St-Martin.	217
Église Saint-Eustache.	218
Le Jardin du Roi.	222
Les Gobelins.	225
La Bibliothèque Royale.	227
La Sainte-Chapelle.	233
Le Palais Royal.	235
Saint-Roch.	242
Église de St-Sulpice.	244
Les Invalides.	249
L'École Militaire.	256
Le Val-de-Grâce.	257
L'Hôtel-de-Ville.	261
L'Hôtel-Dieu.	263
La Fontaine des Innocents.	269
L'Église Sainte-Geneviève.	270
L'Institut, autrefois Collége Mazarin.	275
L'Observatoire.	278
La Sorbonne.	280
Hôtel des Monnaies.	283
L'Église de la Madeleine.	286
L'Arsenal.	289
Eglise de l'Assomption.	291
Eglise Saint-Louis en l'île.	293
Les Halles.	296
La Halle au blé.	299
Hôpital royal des Quinze-Vingts.	301
La Bourse.	305
Saint-Philippe du Roule.	300
Hôtel du Carnavalet.	310

L'Hôtel de Cluny. 310
Le Palais de la Chambre des Députés. . 313
Hospice des Enfans-Trouvés. . . . 315
Théâtre Français. 318
Les Quais et les Ponts. 328
La Colonne de la place Vendôme. . . 334
L'Arc de triomphe de l'Etoile. . . . 335
Statistique. 337

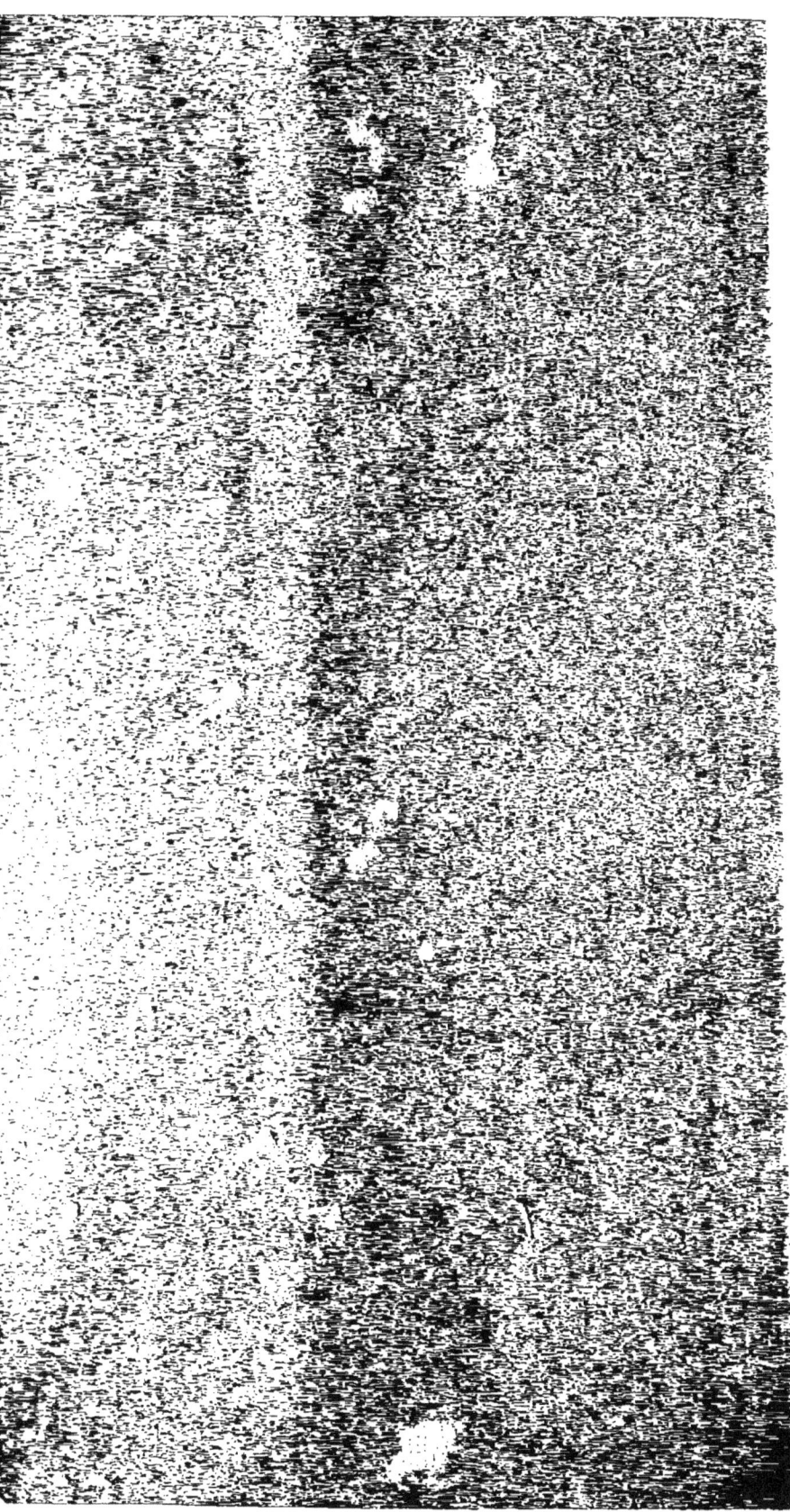

La Première livraison de la *Bibliothèque universelle de la jeunesse*, dont les volumes sont en vente, se compose de:

1. TABLEAU DES FETES CHRETIENNES, par M. le vicomte Walsh ; 1 vol. in-8, avec dessin et frontispice, prix 4 fr.
2. LES RUINES, par M. Nettement, 1 vol. in-8, prix : 3 fr. 50 c.
3. CAUSERIES MORALES ET LITTERAIRES SUR QUELQUES FEMMES CELEBRES, par M. Emile Deschamps ; 1 vol. in-12, orné de cinq portraits, prix : 2 fr. 50 c.
4. HISTOIRE DE PARIS, par M. Th. Muret ; 1 vol. in-12.
5. ANTIQUITES GRECQUES ET ROMAINES, par M. Le Bas, maître de conférence à l'Ecole Normale; 1 vol. in-12, prix. 2 fr.
6. GALERIE ZOOLOGIQUE, par M. Antelme, docteur en médecine, sous la direction de M. Geoffroi-Saint-Hilaire ; 1 premier vol. orné de nombreuses figures, prix : 2 fr. 75 c.
7. LA DEVOTION RECONCILIEE AVEC L'ESPRIT, 2 forts vol. in-18, prix 2 fr.
C'est l'ouvrage de Lefranc de Pompignan, augmenté de deux chapitres dans le premier volume, et d'un second volume d'exemples.
8. RECUEIL DE POESIES DIVERSES, par M. le baron A. Guiraud, 1 fort vol. in-18, avec joli frontispice et dessins, prix 1 fr. 25 c.
MEDITATIONS RELIGIEUSES, 5e édition considérablement augmentée, par M. B. d'Exauvillez ; 1 vol. in-18, prix 75 c.

ON TROUVE EGALEMENT CHEZ LES DEPOSITAIRES ET LES CORRESPONDANTS DE LA SOCIETE.

1. LES ETRENNES DE LA JEUNESSE ; 1 joli vol. in-18, sur papier vélin satiné, prix 1 fr.
2. PETITES NOUVELLES ; 1 vol. in-18, prix : 50 c.
3. LE CONSEILLER DES FAMILLES ; mélanges religieux historiques et littéraires ; 1 très fort vol. in-8, de 576 pages, prix 4 fr.
4. LA COLLECTION BROCHEE DU JOURNAL DES PERSONNES PIEUSES ; 1 magnifique vol. grand in-8, encadré, édition de luxe, prix, 5 fr.
5. LA COLLECTION COMPLETE DES DELASSEMENS AGREABLES, composée de 24 petits vol. in-32, d'une feuille chacun, tous composés d'histoires détachées qui joignent l'agrément à l'instruction religieuse ; prix de la collection, 2 fr. 40 c., chaque vol. se vend séparément 10 c.

Le Conseiller des familles donne tous les mois un compte rendu et des extraits des ouvrages de la *Bibliothèque universelle*. Par son moyen, les personnes qui ne veulent pas s'abonner à la totalité des publications de la bibliothèque peuvent faire parmi elles un choix raisonné.
Son prix n'est que de 3 fr. 50 par an.

www.ingramcontent.com/pod-product-compliance
Lightning Source LLC
Chambersburg PA
CBHW070907170426
43202CB00012B/2227